CB004685

3ª edição - Março de 2025

Coordenação editorial
Ronaldo A. Sperdutti

Projeto gráfico e editoração
Juliana Mollinari

Capa
Juliana Mollinari

Imagens da capa
Shutterstock

Assistente editorial
Ana Maria Rael Gambarini

Revisão
Alessandra Miranda de Sá
Ana Maria Rael Gambarini

Impressão
Renovagraf

Av. Porto Ferreira, 1031 | Parque Iracema
CEP 15809-020 | Catanduva-SP
17 3531.4444

www.**boanova**.net | boanova@boanova.net

Dados Internacionais de Catalogação na Publicação (CIP)
(Câmara Brasileira do Livro, SP, Brasil)

Aruanda, Velho Tião de (Espírito)
    Soldados da luz : uma jornada de amor com a Umbanda / [ditado pelo espírito] Velho Tião de Aruanda ; [psicografado por] Lucas Franco. -- Catanduva, SP : Butterfly Editora, 2023.

    ISBN 978-65-89238-10-2

    1. Doutrina espírita 2. Espiritismo 3. Mediunidade 4. Psicografia I. Franco, Lucas. II. Título.

23-160285   CDD-133.93

Índices para catálogo sistemático:

1. Psicografia : Espiritismo   133.93

Aline Graziele Benitez - Bibliotecária - CRB-1/3129

Impresso no Brasil – Printed in Brazil
3-03-25-100-1.200

LUCAS FRANCO

PELO ESPÍRITO

VELHO TIÃO DE ARUANDA

SOLDADOS DA ŁUZ

Uma jornada de amor com a Umbanda

BUTTERFLY®
EDITORA

ÍNDICE

A CONCEPÇÃO DO LIVRO

O processo mediúnico de construção deste livro foi uma experiência interessante. Exponho-o nesta introdução com o objetivo de trazer entendimento e exemplo sobre algo que pode acontecer com outros médiuns, servindo também de explicação para aqueles que não compreendem a ocorrência de certos fenômenos espirituais.

Antes de qualquer coisa, é necessário dizer que médiuns não são necessariamente seres diferenciados ou iluminados. São pessoas comuns, com seus defeitos e virtudes. Erram e acertam. Não são melhores do que ninguém. Apenas possuem a capacidade de agir como intermediários entre os dois planos da vida, tendo a oportunidade de praticar o bem por meio dessa aptidão.

A concepção deste livro foi um verdadeiro presente dos guias para nós, da Fraternidade São Miguel Arcanjo. Estávamos em uma reunião de estudo familiar, que se iniciava às 21 horas das quartas-feiras. Ao fim, é comum recebermos mensagens espirituais por meio da psicografia.

Nesse dia em especial, apresentaram-se dois espíritos junto ao preto velho Vovô Bento das Almas, entidade espiritual que trabalha comigo. Um deles, o autor do livro, disse chamar-se Velho Tião de Aruanda, entidade com quem eu já havia tido contato antes e de quem, inclusive, havia recebido uma mensagem anteriormente; o outro era um técnico literário que não me disse seu nome e que me ajudou na captação das imagens espirituais e na manutenção do transe necessário à tarefa.

Iniciamos a psicografia às 21h15 e terminamos por volta das 8h30 do dia seguinte. Foram quase doze horas intensas de trabalho, com algumas pausas apenas para tomar café e para as necessidades orgânicas.

Ao término dessa primeira etapa da escrita, o Caboclo Cobra Coral, meu guia-chefe, informou que a tarefa ainda não havia acabado e que na quarta-feira seguinte receberíamos o conteúdo complementar.

Na outra semana, após o estudo, recebemos os mesmos espíritos e, após seis horas de atividade psicográfica, escrevemos o que faltava.

Depois dessas duas reuniões, o Caboclo Cobra Coral inseriu algumas observações e, desse modo, o livro foi recebido humildemente por nós.

Espero sinceramente, amigo leitor, que esta obra possa ajudá-lo de alguma forma; que lhe faça bem; que traga ensinamentos e o ajude nessa jornada encarnatória, assim como tem me ajudado.

Antes de encerrar essas palavras, deixo aqui registrado o sentimento de profunda gratidão aos membros de minha família;

Soldados da Luz - Uma jornada de amor com a Umbanda

tanto aos que se encontram no plano espiritual quanto aos que estão enfrentando os desafios da matéria.

Gratidão ao Caboclo Sete Flechas de Umbanda e ao Pai José, aqueles que me ensinaram o que é Umbanda.

Gratidão ao Caboclo Cobra Coral, Vovô Bento das Almas, Ogum Xoroquê, Joãozinho da Praia e Exu Veludo de Umbanda, por terem me escolhido como instrumento mediúnico, mesmo eu sendo tão falho e imperfeito para trabalhar.

Gratidão ao Velho Tião de Aruanda por nos trazer tanta luz e tanto amor nestas singelas páginas.

Lucas Monnerat Franco

PREFÁCIO

Durante a eterna caminhada da vida, independentemente de suas vontades ou de seus conhecimentos, os espíritos são regidos por leis perfeitas e imutáveis. A ninguém é dado outro código divino. Todas as criaturas se submetem às leis de causa e efeito, à lei de progresso, à lei de afinidades, entre outras tantas que, a partir da expansão da capacidade de compreensão da humanidade, serão descobertas e entendidas.

Importante que se diga que não há diferença entre as leis espirituais e as que incidem sobre a matéria — sejam as leis da física, os teoremas da geometria ou os avançados conhecimentos quânticos, passando por todo o legado já descoberto e ainda oculto, pois tudo foi criado por um único legislador, que usa sempre o mesmo princípio de criação: o amor.

A humanidade vai aos poucos descobrindo o eu, o próximo, e todo o universo. Esse processo se dá lentamente, ao longo de muitas experiências individuais e coletivas que se somam no decorrer da história. A evolução se dá sempre. Seja no plano físico ou no plano espiritual. Estamos sempre crescendo em conhecimento, possibilidades e, consequentemente, em responsabilidades.

Somos todos criados da mesma forma: simples e ignorantes e, a partir do uso do livre-arbítrio, desenvolvemos nossas afinidades, tendências e aptidões. No início de sua jornada, o indivíduo assemelha-se a uma criança curiosa tateando o desconhecido. Muitas vezes se agarra às ilusões. A matéria é fonte de encantos que podem ser desvirtuados e gerar desequilíbrio aos imprevidentes. Na maioria das vezes, o homem se torna presa de sua própria falta de cautela, prendendo-se ao egoísmo, não se permitindo conhecer e compreender o outro e muito menos o universo.

Zambi, o criador de tudo que há, em sua sabedoria infinita, possibilita que seus filhos mais velhos auxiliem os mais novos nesse processo de aprendizagem. A ajuda divina ocorre por meio do trabalho daqueles que já aprenderam determinadas lições. Esse belo mecanismo de auxílio e evolução obedece à pedagogia divina de fraternidade. Aquele que sabe mais ensina ao que sabe menos. Dessa forma, aos poucos, vamos aprendendo com os que já desenvolveram o saber, e os que já aprenderam têm a oportunidade abençoada de praticar a caridade ao ensinar, seja nos domínios da ciência, das artes, dos sentimentos, da moral ou em qualquer outra área. Irmãos mais velhos sempre nos ajudam no processo de expansão do saber e do sentir, fazendo-o por amor, pelo amor e para o amor.

Os trabalhadores de Umbanda são irmãos mais velhos. Experimentados nas batalhas da vida, trabalham para mostrar os caminhos, para nos consolar, corrigir, defender e ensinar.

Soldados da Luz - Uma jornada de amor com a Umbanda

Alguns outros irmãos, tais como crianças rebeldes, tornam-se voluntariamente opositores à evolução. Na maioria das vezes, durante a caminhada, aprenderam muito dos saberes do raciocínio, mas quase nada sobre moralidade. São verdadeiros gênios da ignorância e da vaidade. São agitadores que estimulam a ingratidão coletiva. Destilam, por meio de suas peçonhas, a frustração e a vingança. Apresentam-se como tutores de boa vontade aos desavisados do caminho evolutivo, mas, na verdade, são cegos guiando cegos. Com a fala pensada e articulada para o convencimento, pintam a aparente beleza das telas ilusórias.

Pensamentos que são verdadeiras armadilhas, por exemplo: "Só se vive uma vez", "Deus está morto!", "Seja feliz a qualquer custo", são obras magistrais de potente indução mental, que fazem com que outras "ingênuas criancinhas" caiam. "Você pode fazê-lo te amar", "Ela tem o que te pertence. Tire dela e tome o que é seu!", "Ele merece sofrer!". Pensamentos como esses são repetidos centenas de vezes e acabam reverberando no inconsciente coletivo, produzindo graves desequilíbrios sociais, doenças morais e chagas psicológicas.

É justamente junto aos sofredores que mais trabalham os soldados da luz, vindos de Aruanda, vestidos de paciência e sabedoria, armados de humildade e esperança. Todos sob a rígida disciplina da caridade, eles vão aonde for preciso para exemplificar o evangelho vivo.

Caboclo Cobra Coral

1

UMA VIDA NORMAL

Eram oito horas quando o alarme do despertador do quarto de Leandro tocou. Mais um dia normal na rotina do jovem estudante de Medicina. O relógio tocava sempre e por uma ou duas vezes era adiado. Às nove e vinte, ele saltava da cama e, como sempre, já estava atrasado. O primeiro período da aula, que começava bem mais cedo, era sempre ignorado.

Leandro dirigia o belo carro que ganhara de presente por ter passado no concorridíssimo vestibular. Na verdade, era um acordo que tinha feito com seu pai, o poderoso doutor Luiz: se passasse, receberia o ambicionado prêmio.

Leandro chegava ao Campus e ficava "fazendo hora" pelo pátio. No intervalo, encontrava com a galera, que já começava um carteado até a hora do almoço. Uma, duas, três horas de altos papos, conversas descontraídas e sem objetivos sérios. Jogavam sueca, tocavam violão e combinavam as saídas de mais tarde.

Comumente almoçavam no shopping e de lá iam para a praia. Não existia uma rotina estabelecida. O que dava na telha, eles faziam, já que dinheiro não era problema.

Leandro fazia parte de uma família tradicional da cidade. Era um jovem bonito e muito vaidoso. Adorava futebol e tecnologia. Todas as novidades tecnológicas que existiam em 1992 eram conhecidas e desejadas por ele.

Uma vez, Rafaela, sua namorada, deu a ideia de irem com um casal de amigos para uma casa que sua família possuía na região serrana. Era uma sexta-feira; após uma semana de provas e o sacrifício de ter abdicado das curtições, deveria ser recompensado.

Todos entraram no luxuoso carro vermelho de quatro portas e motor turbinado de Leandro. Além dele, Rafaela, Arthur e Larissa formavam o grupo que estava sempre junto.

E lá foram eles, música alta, descontração, curtindo o que consideravam os melhores anos de suas vidas. Eram belos, inteligentes e nascidos de famílias ricas, razões pelas quais não tinham preocupações nem compromissos ou responsabilidades. Para eles a vida era sempre uma grande festa e aquela deveria ser apenas mais uma viagem de fim de semana, porém algo diferente iria acontecer.

No sábado à noite, depois de consumirem muita bebida alcoólica com o que chamavam de "sucos batizados" e de fumarem alguns cigarros de maconha, que Arthur havia levado, o amigo de Leandro foi para o quarto e retornou com uma carteira preta a qual continha uns pequenos pinos transparentes, com um pó branco dentro. Com um largo sorriso no rosto, mostrou a droga aos amigos e disse que a festa iria ficar muito melhor.

— Que é isso, cara? Tá maluco? — perguntou Rafaela.

Arthur continuou rindo e respondeu com outra pergunta:

— Ué, Rafa! Vai dar uma de santinha agora?

— Pô, Tugo — esse era o apelido pelo qual Leandro chamava Arthur desde os tempos de infância —, passou dos limites, cara. Isso é doideira — disse Leandro, fazendo coro com a namorada.

Larissa rapidamente aumentou o volume da música, tirou aquele objeto da mão do namorado e o colocou sobre uma grande mesa de madeira que havia na sala da confortável residência.

O sítio da família Albuquerque era um verdadeiro oásis. Possuía quatro suítes com grandes televisões, banheiros luxuosos com ducha e banheira, sala ampla com lareira e decoração rústica. Na área externa havia um campo de futebol, piscina e um belo jardim, tudo muito bem cuidado pelos caseiros.

Aquele impasse ficou de lado. O alto-astral foi restabelecido e logo todos estavam curtindo novamente o clima de animada descontração. Às três da manhã, após várias doses de alcoólicos e uso de maconha, a carteira com os pinos voltou à cena e dessa vez não houve tantas objeções.

Daquele grupo, apenas o casal Arthur e Larissa haviam experimentado a terrível substância, porém agora, cedendo à insistência dos amigos, Leandro e Rafaela começavam a dar sinais de fraqueza.

— Experimenta aí, galera. Só uma vez, não vai acontecer nada de mais. Vocês vão curtir — incentivava Arthur.

Larissa endossava os apelos dele dizendo:

— Não sou de botar pressão, mas desta vez o Arthur conseguiu uma branquinha fora de série. Esse negócio é bom demais. Muito pura!

Notando que Leandro e Rafaela começavam a demonstrar interesse, Arthur preparou duas carreiras da droga sobre a mesa, enquanto dizia com um sorriso triunfal:

— Que mal tem? Se vocês não curtirem, basta não usar mais.

Os jovens não percebiam, mas o local estava espiritualmente carregado de sinistras entidades viciadas que os influenciavam, incitando-os a irem cada vez mais longe. O objetivo era saciar os próprios vícios juntamente com os quatro.

Após algumas tentativas dos dois amigos e do assédio implacável das entidades espirituais que não eram vistas, os pedidos foram aceitos e a festinha entrou madrugada adentro, sem nenhum tipo de prudência.

2

O SEGREDO

No dia seguinte, o sol já invadia a casa havia algumas horas. Por volta das duas da tarde, Leandro se levantou com uma ressaca terrível. Saltando entre as garrafas vazias largadas pela sala, foi ao banheiro e o encontrou trancado. Bateu à porta e perguntou:

— Amor, está tudo bem?

— Mais ou menos — respondeu Rafaela com a voz sofrida de quem já havia vomitado três vezes e estava com uma dor de cabeça daquelas.

O rapaz se dirigiu a outro banheiro e se olhou no espelho. Observou seu rosto fundo em razão dos excessos cometidos durante toda a madrugada. Apesar disso, ficou se admirando, achando-se o máximo. A seguir, decidiu tomar um longo e relaxante banho de chuveiro, enquanto rememorava as ocorrências da noite passada.

Lembrou-se do momento em que ele, a namorada e os amigos começaram a beber, dançaram, conversaram e se divertiram muito. Havia rolado de tudo; até cocaína tinham experimentado. Pensou no intenso prazer que sentira ao relacionar-se com a namorada, logo depois que o casal de amigos se recolheu. Ele e Rafaela já possuíam uma química perfeita, mas naquela noite tudo se intensificara, tendo acontecido entre a desordem da sala.

Essas lembranças o fizeram suspirar ao dizer para si mesmo:

— Ah, como amo a minha querida Rafa! Não há dúvida de que fomos feitos um para o outro.

O resto do fim de semana foi mais tranquilo e, antes de irem embora, deram uma arrumada em tudo, pois a família de Rafaela não podia nem sonhar sobre o que tinha acontecido em sua propriedade.

Passadas algumas semanas, Leandro começou a perceber que a namorada estava diferente com ele. Não atendia suas ligações, estava sempre ocupada e falando bem menos que o habitual. Não era mais aquela menina linda de 22 anos que estava sempre sorrindo, mostrando as lindas covinhas na bochecha. Parecia esconder alguma coisa.

Quando ele perguntava sobre qualquer assunto, Rafaela era sempre evasiva, respondendo de forma curta e seca. Depois dava um jeito de se afastar, evitando prosseguir na conversa.

Numa tarde, Leandro resolveu chamar a namorada para tirar aquela história a limpo, exigindo esclarecimentos. Alguma coisa estava acontecendo e ele queria saber o que era.

Ao fim da aula, ele a abordou no corredor da faculdade e disse com voz firme e exigente:

— Quero ter uma conversa muito séria com você, Rafa!

A moça o olhou com desânimo ao responder:

— Teremos de conversar em outro momento, porque hoje eu não estou me sentindo bem.

Mal disse essas palavras e seguiu em direção ao estacionamento em passos apressados, como se estivesse fugindo de alguém.

Leandro ficou irritado com aquela atitude e a seguiu apressadamente, enquanto a chamava pelo nome:

— Rafa! Rafa, espere...

Em vez de atendê-lo, a moça passou a andar ainda mais rapidamente, quase correndo, e começou a chorar. Num gesto automático, abriu a porta do carro, entrou e deu a partida.

O rapaz, sem entender nada, mas tendo agora a certeza de que algo grave estava acontecendo, entrou na frente do veículo a fim de impedi-la de partir.

— Não vou deixá-la ir a lugar algum antes de me dizer o que está acontecendo — ele falou com determinação. — Quero uma explicação convincente para as suas atitudes.

Rafaela, bastante nervosa, com o rosto vermelho e os olhos inchados pelo pranto, apenas acenou positivamente com a cabeça. A seguir, girando a manivela, baixou o vidro e o encarou.

Naquele momento Leandro foi envolvido por forte apreensão, pois percebeu que não iria gostar nem um pouco do que estava prestes a ouvir. E realmente foi o que aconteceu.

— Acabou, entendeu? — disse Rafaela quase aos gritos. — Eu não quero falar mais nada. Preciso de um tempo!

O veículo saiu tão acelerado, que Leandro teve de se esquivar para não ser atropelado, e, enquanto Rafaela se distanciava, ele ficou estático, vendo-a se perder na distância. Durante uns vinte minutos, permaneceu imóvel, sem entender nada, com o coração oprimido e cheio de dúvidas.

"Como assim acabou? O que será que aconteceu para a Rafa me tratar assim?", eram as perguntas que deixavam sua mente em grande inquietação.

Rafaela era o grande amor de sua vida. Tinham planos de fazer a residência médica juntos. Talvez até se casarem e abrirem um consultório juntos. Tinham planos de viajar novamente para a Europa, revivendo aventuras do passado, mas dessa vez apenas os dois, sem a presença de familiares.

"Tantos projetos e do nada acabou?", perguntava-se ele, com a confusão mental cada vez mais intensa, quando uma ideia lhe ocorreu de súbito: "Será que Rafa ficou sabendo de alguma traição minha? Alguém terá contado alguma coisa a ela? Ah, só pode ser isso!", concluiu.

Então passou a tentar se lembrar de algum caso seu que alguém pudesse ter contado à namorada. E foi desse modo que tomou a decisão de ir embora dali. Chegando em casa, ligou para duas moças com quem tinha saído há pouco tempo a fim de sondar alguma coisa, mas nada descobriu. Aparentemente estava tudo normal.

As horas passaram e Leandro ficou remoendo aquela angústia até lhe ocorrer uma nova ideia: "E se Rafa estiver envolvida com outra pessoa?".

Nesse instante um sentimento de raiva o envolveu inteiramente. Um forte arrepio percorreu-lhe a espinha dorsal e ele teve a sensação de que algo explodiu em sua mente.

Bastante nervoso, pegou o telefone e ligou uma, duas, três vezes sem ser atendido. Com isso, a raiva aumentou.

"Ela deve ter outro", foi o pensamento que ficou perturbando-o incessantemente.

No dia seguinte, Leandro ligou para Larissa, a melhor amiga da, agora, sua ex-namorada. Se alguém soubesse o que estava acontecendo, esse alguém seria ela.

A moça atendeu, mas, ao reconhecer a voz de Leandro, desligou. Ele ficou furioso e decidiu ir direto à casa dela. Estava cada vez mais convencido de que, se Rafaela estivesse envolvida com alguém, Larissa com certeza saberia.

Atordoado, pegou o carro e foi até a casa da amiga, sendo recebido na sala. Larissa morava em um apartamento pequeno, mas muito bem decorado, com móveis planejados e um ambiente descontraído. Esse imóvel fora um presente dado por seus pais, que eram de outra cidade e a mantinham na capital para estudar.

Leandro, num misto de emoção e revolta, contou tudo o que tinha acontecido. Disse que Rafaela estava tendo um comportamento muito diferente e que andava estranha nos últimos tempos. E então, gesticulando muito e aumentando ainda mais o tom de voz, passou a falar de sua suspeita, sobre a possibilidade de uma traição por parte dela.

Depois de ouvir tudo calada, Larissa disse finalmente:

— Leandro, você realmente precisa saber o que está acontecendo, mas não sou eu quem vai contar.

Nesse momento, Rafaela saiu de um dos quartos com o rosto desfigurado pelo inchaço. Parecia não ter dormido direito. Acabara de ouvir tudo o que o rapaz tinha falado.

Aproximou-se, segurou nas mãos dele e disse sem rodeios:

— Estou grávida.

Um silêncio sepulcral se fez no ambiente, como se todo o som do mundo houvesse sido confiscado naquele momento. Porém os três corações estavam aceleradíssimos.

Leandro se jogou em um pufe que estava atrás dele, colocou as mãos no rosto e disse:

— Fala sério! Não é possível!

— Eu não estou brincando — Rafaela falou com a voz seca.

— Como assim? Eu sempre uso preservativo em nossas relações.

Rafaela, agora sendo sustentada pela amiga, que a apoiava pelos ombros, explicou:

— Naquela vez, no sítio, você deve ter se esquecido porque estava bêbado. Só pode ter sido naquela noite.

— Meu Deus! Que mole eu dei, cara! — exclamou Leandro, não querendo acreditar no que estava acontecendo.

— E o pior é que, a cada dia que passa, a situação vai ficar mais difícil. Nós não estamos prontos para isso — advertiu Rafaela, com visível angústia.

— Nós não podemos ter esse filho — decretou o rapaz. — Vai atrapalhar tudo.

Todos ficaram em silêncio, buscando na mente a solução para o problema. Longos minutos se passaram, até Rafaela dizer com voz firme:

— Não sei como vamos fazer, mas, até decidir, esse é o nosso segredo! Ninguém pode sonhar em saber disso, ouviram?

Leandro e Larissa menearam a cabeça positivamente e o silêncio voltou a imperar entre eles.

3

O ABORTO

Após aquela conversa, Leandro foi para casa com a impressão de que alguma coisa havia mudado. Não tinha mais vontade de sair. O pouco apreço pelos estudos ficou ainda menor. Falava pouco, dormia pouco e acabou relaxando até mesmo com a aparência, deixando inclusive de se barbear. Sua preocupação se concentrava no fato de que estava para ser pai e que, com isso, toda a sua vida mudaria, obrigando-o a deixar de viver do modo como gostava. A ameaça de ter de mudar seu estilo de vida o assustava demais.

Algumas semanas depois, ele recebeu uma ligação de Larissa. Rafaela, com quem o rapaz mal conversava desde o dia em que tomara conhecimento da notícia, queria falar com ele. Marcaram encontro para a tarde daquele mesmo dia, no apartamento da amiga.

Chegando ao local, Leandro percebeu que o clima se encontrava bastante tenso, passando a sensação de que o ar estava pesado. Entrou e, ao passar o olho em Rafaela, que estava sentada no sofá, sentiu um forte arrepio em todo o corpo seguido de forte tontura; suas vistas escureceram e ele não conseguiu evitar a violenta queda que sofreu.

De repente, tudo pareceu ocorrer em câmera lenta. Sua cabeça parecia girar, ele tentava reagir movendo os olhos ou dizendo alguma coisa, mas era tudo em vão. Uma imensa inquietação o fazia tentar entender o que estava acontecendo, mas as coisas só se complicavam. Larissa estava quase em cima dele, abanando-o com uma almofada e chamando-o repetidas vezes:

— Léo! Léo! Acorda — dizia ela muito nervosa.

Leandro conseguia ouvi-la, mas era como se ela estivesse muito longe dali. Tentava responder ao chamado, porém a língua não o obedecia.

Em um canto da sala, Rafaela o olhava assustada e com grande preocupação, mas ela também parecia imobilizada e não conseguia esboçar qualquer reação.

— Leandro! Pelo amor de Deus, fale alguma coisa — repetia a amiga.

Aos poucos ele foi voltando ao normal, sem ter a menor noção do que havia acontecido. Em movimentos vagos, e amparado por Larissa, conseguiu se erguer do chão e sentar-se na poltrona.

— O que houve? — balbuciou com dificuldade.

— Do nada, você caiu duro — respondeu a amiga um pouco trêmula. — Ficou quase cinco minutos estatelado e imóvel. Que susto, meu Deus!

Ela fez um breve silêncio e perguntou a seguir:

— Você se alimentou direito hoje?

O rapaz meneou a cabeça negando.

Soldados da Luz - Uma jornada de amor com a Umbanda

— Praticamente não comi nada nem estou com fome — respondeu.

— Ah, então deve ter sido isso — ela falou como quem houvesse matado a charada. — Glicose baixa. Vou à cozinha preparar um lanche e você vai comer mesmo sem fome!

Larissa saiu e os ex-namorados ficaram a sós na sala, encarando-se em silêncio. Tudo estava diferente entre eles. Alguma coisa parecia ter apagado o brilho que ambos possuíam no olhar.

Estavam ainda se olhando quando o silêncio foi quebrado pela voz rouca de Rafaela, que disse:

— Eu decidi, Léo. Vou tirar.

O rapaz pensou em dizer qualquer coisa, mas não encontrou palavras. Apenas engoliu seco e acenou positivamente com a cabeça. Em seu íntimo, era a única coisa que poderia ser feita. Na verdade, já tinha pensado naquela possibilidade, mas queria antes ouvir a opinião de Rafaela.

O ambiente voltou a mergulhar no silêncio, mas a moça continuava encarando-o, como a exigir uma resposta verbal.

Essa atitude fez com que Leandro finalmente se manifestasse, dizendo:

— É, eu também acho que é o mais racional a ser feito. Somos novos e ainda temos muito a viver. Uma criança atrapalharia tudo. Hoje em dia é superseguro fazer um aborto, existem lugares ótimos e ninguém vai saber de nada e...

— Cale a boca! — ralhou a moça, interrompendo-o rispidamente.

Foi nesse clima de constrangimento que Larissa retornou com um pacote de biscoitos e um copo de refrigerante, entregando-os ao amigo. Depois de olhar para os dois e perceber o ambiente pesaroso, ela falou:

— Olha, eu tenho uma conhecida que já abortou e me passou o endereço do local onde foram feitos os procedimentos. Como eu sabia que vocês iriam precisar de ajuda, telefonei e agendamos para amanhã, está bem?

Apoiando a mão no ombro de Leandro, ela completou:

— A Rafa está aqui em casa desde que descobriu a gravidez e vai permanecer aqui por mais duas semanas, até que esteja em condições de voltar para casa sem levantar suspeitas, ok?

Leandro concordou acenando com a cabeça e guardou no bolso o pedaço de papel que Larissa lhe entregou com o endereço e o horário. Depois falou, lançando para as duas um olhar bastante tenso:

— Amanhã às seis horas em ponto estarei aqui.

Mal se despediram e o rapaz saiu meio atordoado, com uma sensação estranha de aperto no coração. No fundo, sentia-se inseguro com a decisão que acabara de tomar.

Quando Larissa fechou a porta, as duas amigas, que eram verdadeiras irmãs, se abraçaram e choraram juntas, em um enlace sincero de amparo e consolo. Elas também se sentiam envolvidas por um estranho sentimento de angústia. Um misto de pânico, incerteza e vergonha embalava cada lágrima que corria dos olhos de ambas, pois estavam se tornando cúmplices de um grave crime.

Leandro chegou em casa se sentindo estranhamente cansado naquela noite. Mal teve tempo de tirar a roupa e ligar o ar-condicionado do quarto. Deitou-se pensando em tirar um cochilo para restabelecer as energias e apagou sem programar o despertador, caindo em um sono profundo.

Enquanto dormia, teve a impressão de estar conversando com alguém. Tratava-se de um velho com rosto sofrido e expressão de desagrado, que lhe disse:

— Acorda! Não permita que o sol de sua vida se vá! Isso é um erro!

Ele acordou de súbito, agitado e gritando palavras estranhas. Ao olhar para o lado, viu o relógio que ficava sobre a mesa de cabeceira e se sobressaltou, pois faltavam apenas dez minutos para as seis horas.

Em movimentos frenéticos, vestiu as mesmas roupas do dia anterior, que tinham ficado jogadas sobre a escrivaninha, e saiu em disparada. Enquanto dirigia em alta velocidade em direção ao apartamento de Larissa, a voz que ouvira em sonho ecoava como um alarme em sua consciência.

Quando ele chegou, já eram seis e vinte da manhã e as duas não se encontravam no local. O porteiro avisou que elas já tinham saído. Leandro se desesperou e retomou a direção do veículo, rumando para o endereço constante no papel. Lá se deparou com uma pequena clínica clandestina.

Dentro do estabelecimento encontrou Larissa com um semblante preocupado, dizendo que Rafaela já estava em procedimento. Um forte aperto esmagou-lhe a alma de tal modo, que ele não conseguia racionalizar mais nada. Sentia medo e uma grande inquietação. O tempo passava sem que nada acontecesse e a impressão que se tinha era a de que estava demorando mais do que o esperado.

Em uma minúscula salinha de espera, Leandro e Larissa aguardavam angustiados e silenciosos até que um médico surgiu no estreito corredor. Seu olhar era frio e sua voz soou com certa apreensão ao dizer:

— Tivemos um problema. O procedimento não aconteceu como esperávamos.

Os dois gelaram e, completamente pálidos, perguntaram simultaneamente:

— O que aconteceu?

O homem, que era acompanhado espiritualmente por muitas entidades sombrias, disse que o feto havia sido abortado, contudo provocando um sangramento maciço e imprevisto.

— A paciente está muito mal. Ela precisa ser encaminhada imediatamente para um hospital com UTI — recomendou.

Leandro ficou sem reação. Não tinha capacidade nem para raciocinar sobre o que estava acontecendo, menos ainda para tomar qualquer atitude.

Mas Larissa estava indignada e, com o dedo em riste, chegou bem perto do funcionário da clínica e falou com muita energia:

— Isso é um absurdo. Vocês vão salvar a vida dela e têm de fazer isso aqui mesmo. Nós não vamos expô-la a nenhum escândalo e ela não pode morrer, entendeu?

— Escute aqui, mocinha, tudo que eu poderia ter feito, com os recursos que tenho à disposição aqui, eu já fiz — disse o médico.

— Combinei algumas drogas anticoagulantes e outros ativos que vão retardar os efeitos danosos. Mesmo assim, se ela não estiver em um leito de UTI em no máximo uma hora, ela vai morrer. Eu estou indo embora. A enfermeira Carla levará vocês até ela. É sério! Vocês precisam levá-la daqui.

Os amigos estavam indignados e perplexos ao escutarem aquilo, e o sinistro médico continuava com o mesmo tom de voz:

— Eu não vou comprometer minha carreira, muito menos ser preso por causa disso. Vocês e ela sabiam muito bem o que estavam fazendo e quais eram os riscos envolvidos.

Ao terminar a frase, ele rapidamente entrou em outra sala, pegou uma pasta e uma mala e saiu a passos largos batendo a porta.

4

TERRÍVEIS CONSEQUÊNCIAS

Atordoados, Leandro e Larissa correram até o quarto e se depararam com Rafaela em um quadro desolador. Consultaram a enfermeira e ela confirmou a gravidade da situação, dizendo que seria melhor fazerem alguma coisa para salvar a vida da enferma.

Leandro pediu para usar o telefone da clínica e ligou para o pai, dizendo que precisava de ajuda urgente, narrando em poucas palavras o que ocorrera e informando o endereço de onde estava.

O doutor Luiz prontamente disse à secretária para desmarcar todas as consultas do dia e partiu para a clínica, que ficava no mesmo bairro nobre de seu consultório. No caminho, ligou de seu telefone celular para um colega médico que trabalhava no maior hospital da região e explicou o ocorrido, dizendo que levaria Rafaela para lá. O amigo concordou e disse que mandaria preparar a sala de cirurgia para recebê-la.

Chegando ao sobrado onde funcionava a clínica clandestina, o doutor Luiz encontrou apenas o filho e a amiga, desfigurados e em completo desespero. Bastante experiente, examinou os sinais vitais de Rafaela e percebeu o sangramento crescente e o início dos sinais de choque hipovolêmico. O caso era realmente muito grave e não havia tempo a perder. Colocou a jovem em seu próprio carro e seguiu disparado para o hospital.

Após três horas de complexa cirurgia, Rafaela havia sobrevivido, porém o estado neurológico ainda era bastante grave. Tinha perdido muito sangue e o coquetel de drogas usado pelo médico aborteiro causara grave disfunção cerebral. O irresponsável profissional havia combinado uma série de pesados medicamentos para evitar a morte da menina em suas mãos. Mesmo com a atuação da equipe médica daquele ótimo hospital, ela agora estava em coma.

O doutor Luiz chamou o filho a um canto e severamente perguntou se os pais dela estavam cientes daquela situação. O jovem, sem conseguir olhar nos olhos do genitor, e com muitas lágrimas que não cessavam de rolar, disse que não.

O médico se orgulhava de nunca ter repreendido o filho e de sempre ter dado a ele tudo o que o dinheiro podia comprar. Adorava se envaidecer por suas conquistas materiais e pelas do filho. Afinal, o jovem havia passado no vestibular, estava quase se formando em Medicina e seguiria seus gloriosos passos. Entretanto, naquele momento caía na dura realidade de que o rapaz não era exatamente quem ele idealizava e o repreendeu de forma dura:

— Você sabe que, se algo ruim acontecer com essa menina, a culpa é sua, não sabe?

Leandro sentiu o duro golpe daquelas palavras e começou a tremer e a chorar histericamente como uma criança nos braços do pai, que, insensivelmente, manteve-se inflexível, fazendo profundas reflexões sobre família e paternidade. Intimamente buscava descobrir onde tinha errado.

"Talvez eu tenha sido permissivo demais com o Leandro, liberal demais, e agora estou colhendo as consequências", pensava ele. "Acho que fui ausente no cumprimento do papel de orientador, pois nunca fiquei por perto, corrigindo as atitudes de meu filho. Ah, como eu não enxerguei isso?", perguntava-se.

A consciência pesava e o doutor Luiz se deixava abalar com as próprias conclusões. Cobrava-se por nunca ter sido um pai presente e, para compensar a ausência, vivera cedendo a todas as vontades do filho, satisfazendo-lhe os caprichos.

Apesar do abalo emocional provocado pelas reflexões, ele se manteve firme e voltou a falar severamente com o filho:

— Leandro, avise os pais dessa menina agora. Diga-lhes que venham para cá e conte a eles o que vocês dois andaram fazendo.

Imaturo, o rapaz não parecia ter o tamanho e a idade que tinha. Não estava sabendo lidar com a responsabilidade e os desdobramentos das próprias escolhas. Acenou positivamente com a cabeça e foi ligar para os pais de Rafaela, que pouco tempo depois chegaram desesperados ao hospital e, com muito sofrimento, ouviram a narrativa sobre as trágicas ocorrências com sua filha.

Duas semanas se passaram sem que houvesse qualquer melhora no quadro de Rafaela, e não havia também esperança sobre possibilidades reais de recuperação. Somente os pais se revezavam junto ao leito da amada filha.

Larissa trancou a faculdade, alegando aos pais que descobrira um pouco tarde não ter afinidade com a profissão. Devolveu o apartamento e retornou para o interior, a fim de ajudar na administração dos negócios do genitor.

Leandro viveu aquelas duas semanas completamente alcoolizado, afogando na bebida toda a sua culpa e tristeza. Os únicos momentos em que não pensava em Rafaela e em tudo o que havia acontecido eram aqueles em que estava dominado pelo efeito do álcool.

Seu aniversário seria comemorado na terceira semana após o ocorrido e esse foi o único dia sóbrio que teve desde então. Sua mãe havia pedido que ele não saísse naquele dia. A família jantaria junta. Ela tanto implorou ao filho que ele, mesmo reticente, acabou aceitando.

Naquela noite, a comida era boa e a casa estava linda. A matriarca arrumou tudo com muito zelo, mas o semblante de todos era de tragédia. Conversas monossilábicas marcaram o encontro.

O doutor Luiz havia caído em si e se sentia um fracasso como pai. Todo o sucesso profissional não valia aquele desastre familiar. Ele não conseguia comprar a vida que queria viver. O dinheiro não era capaz de lhe dar isso. A mãe de Leandro, dona Isabela, tentava de alguma forma puxar assunto e anestesiar aquela dura realidade que agredia a todos sem piedade.

Ao terminar o jantar, o rapaz foi para o quarto e dormiu sóbrio pela primeira vez em muitos dias. Logo ao adormecer, teve um terrível pesadelo. Suava frio e se debatia na cama. Em sua mente, formas terríveis se projetavam efusivamente. Ele se via na clínica de aborto, cheio de sangue nas mãos, e ouvia gritos de acusação:

— Assassino! Matou o próprio filho!

— Abandonou a mãe de seu filho! Seu covarde!

Até que, no sonho, apareceu um homem pequeno, negro e velho. Usava calça branca, seu corpo evidenciava feridas cicatrizadas, e ele disse:

— *Vamo* embora daqui. Ande logo, meu *fio*!

Após muito tempo, o rapaz acordou com a seguinte frase na cabeça: "Vá consertar a besteira que você fez".

Aquele rosto, aquela voz... Ele já tinha visto e ouvido, pois lhe eram familiares. Ficou pensando, concentrado, tentando se lembrar, até chegar à seguinte conclusão: "Eu sonhei com ele no dia em que aconteceu a tragédia. Esse senhor me alertou sobre o que poderia ocorrer. Acho que já vi esse homem outras vezes na vida".

Leandro não conseguiu dormir no resto da madrugada. Quando o relógio marcou cinco horas da manhã, a vontade de ver Rafaela foi incontrolável. Ele se arrumou e foi até o hospital. Na recepção, se apresentou como namorado da paciente do quarto 307 e conseguiu subir.

Bateu levemente à porta e, como ninguém atendeu, entrou e encontrou a moça dormindo. Sua fisionomia estava abatida e ela havia emagrecido. Ao seu lado estava a mãe, que, ao deparar-se com Leandro, ficou furiosa; ergueu-se com o dedo em riste, semblante enfurecido, e disse com voz rude:

— Saia daqui imediatamente! Você destruiu a minha família! Não venha mais nos perturbar! Por sua culpa, minha filha ficará assim para sempre, seu maldito.

A mulher, comportando-se como uma fera ferida, empurrou o rapaz para fora do quarto aos trancos, em meio a muitos gritos e pesarosas lágrimas que lhe banharam o rosto.

5

AFUNDANDO-SE

Leandro saiu pela rua completamente desorientado. Estava sofrendo forte pressão espiritual, uma obsessão grave que apertava cada vez mais os laços que o prendiam a perigosa armadilha. Quem olhasse o rapaz andando pelas ruas diria que ele estava perdido. Ouvia vozes dentro de sua mente e pensamentos acusadores o perturbavam: "Assassino! Você destruiu a minha família!".

Em sua mente confusa, algumas pessoas que começavam a sair para trabalhar pareciam ser os que o acusavam e Leandro não conseguia olhar nos olhos de ninguém.

"Que pesadelo sem fim é esse?", perguntava-se o jovem, enquanto perambulava sem destino. "Preciso acabar com isso!", "O que está acontecendo comigo?". E as inquietantes indagações o deixavam atordoado.

De repente, uma suave voz feminina ecoou em sua mente perturbada, dizendo:

— Volte para o seu carro. Você não pode ficar perambulando como um louco.

E ele concluiu que aquela voz confortadora estava certa.

"Vou pegar meu carro e ir para casa. Já que a família de Rafa não me quer por perto, vou seguir a minha vida. A culpa não é minha", decidiu o rapaz em um monólogo mental que durou até chegar onde o carro estava estacionado.

Quando se sentou no banco e respirou fundo, a suave voz, que ele nem se perguntava de onde vinha devido ao seu estado, voltou a ecoar em seu campo mental:

— Você precisa relaxar. Ficar forte novamente.

Nesse momento, ele estabeleceu essa ideia como prioridade, e logo a imagem de seu grande amigo Arthur lhe veio à mente.

Então se dirigiu ao condomínio de seu amigo de infância, que ficava a apenas duas quadras de sua casa. Lá ficou sabendo que Arthur estava na faculdade e que chegaria à noitinha.

Leandro, que há tempos não ia às aulas, sentou-se à mesa de um bar conhecido que ficava bem perto dali e, à medida que ia entornando mais e mais garrafas de bebidas alcoólicas, desligava-se do mundo.

Lá pelas sete da noite, Arthur apareceu dizendo:

— Sabia que estaria aqui. A empregada disse que você apareceu de manhã e que iria me esperar. Rapaz, você tá um pé de cana, hein! Passou o dia todo aqui? Parece que você estava na guerra — observou irônico, com uma boa gargalhada.

Entretanto, ao ver que o amigo não estava bem, desculpou-se:

— Tô de palhaçada, irmão. Fiquei sabendo da situação da Rafa. Que coisa complicada!

Com voz desanimada e semblante tenso, Leandro finalmente respondeu:

— Nem me fale... Não tenho um segundo de paz desde então. Tô meio perturbado. Umas coisas muito estranhas estão acontecendo. Tenho me sentido cansado o tempo todo e só consigo esquecer a enrascada em que me meti tomando uma.

O amigo retrucou imediatamente:

— Uma? Tomando uma dúzia, você quer dizer.

Dando uma risada, Arthur, sob forte influência de obsessores espirituais que o inspiravam naquele momento, apoiou a mão no ombro de Leandro e falou encarando-o:

— Acho melhor pegar aquela parada lá. Lembra? Vai fazer você se sentir forte. É disso que está precisando. O preço tá bom. A gente aproveita pra dar uma conversada, afinal, você deve estar precisando desabafar também. Amigo é pra essas coisas — e, ainda com a mão no ombro do amigo, Arthur continuou a falar: — Deixa esse copo aí! Tá parecendo um bêbado.

Terminando de dizer essas palavras, ele olhou para o garçom e falou de um jeito maroto, como velho conhecido que era no estabelecimento:

— Zé, fecha a conta do meu amigo aqui e pendura que depois ele paga.

Os dois saíram e encaminharam-se para a casa de um amigo de Arthur, onde ele comprava maconha e cocaína. Esse rapaz comprava as drogas numa boca de fumo e revendia para os conhecidos. Casa de gente com dinheiro. Bairro nobre. O local não levantava nenhum tipo de suspeita.

Após comprar a droga, os dois amigos foram para a casa de Arthur a fim de usá-la.

Tudo preparado e logo após cheirar a nociva substância, Leandro sentiu tudo rodar, acompanhado de uma forte sensação de euforia e poder. Em meio àquele ilusório bem-estar, voltou a ouvir a doce voz que o advertira mais cedo:

— Viu como você precisava disso?

Para Leandro, aquela sensação era libertadora e ele se sentia capaz de tudo.

Depois de um tempo conversando com o Tugo, Leandro foi embora e levou consigo uma boa quantidade de drogas para usar depois. Naquela mesma noite acabou consumindo tudo, pois sentia uma vontade insaciável de se manter em delírio. Estava sedento, e essa sensação era potencializada por alguns espíritos que também eram viciados e estavam consumindo a cocaína por intermédio do rapaz.

Após várias horas de profunda euforia, Leandro sofreu um colapso seguido de incontrolável crise de choro. Parecia que toda a dor moral, de que conseguira ficar livre durante o dia, voltara concentrada e de uma vez só.

Já era alta madrugada, e Leandro vomitou e chorou copiosamente. Até a mãe, que já estava acostumada com aquele "novo normal" do filho, foi ao quarto dele para ver o que estava acontecendo. Ao entrar, dona Isabela encontrou a deprimente cena: seu filho ainda com vestígios de droga no nariz e mergulhado em uma forte crise emocional.

A mãe sentou-se ao lado de Leandro e ele a abraçou em desespero. Os dois choravam juntos e a mulher rezava para que o marido não acordasse e fosse ao quarto do filho.

Ao amanhecer, depois que o esposo saiu para o trabalho, dona Isabela acordou o filho e disse que eles teriam de ter uma conversa muito séria. Não dava para continuar naquela situação.

— Você não vai mais às aulas, não procura saber da Rafaela e não conversa com mais ninguém — disse ela de modo conciliador, mas também bastante severo. — Você entra e sai de casa a hora que quer e passa o dia todo fazendo sabe-se lá o quê. Tudo isso eu consigo suportar, meu filho. Até mesmo o fato de você fumar maconha eu relevo, mas cocaína! Leandro, isso é muito mais grave.

O rapaz estava cabisbaixo e em silêncio. Muito nervosa, a mãe prosseguiu:

— Ou você sai disso sozinho ou vai ser internado em uma clínica para dependentes químicos. Seu pai nem precisa saber de nada. Eu digo a ele que você foi viajar e fica tudo entre nós.

Como Leandro permanecia em silêncio, ela perguntou, tentando sondar a gravidade do caso:

— Meu filho, há quanto tempo você está usando essa porcaria?

Ele não esboçou qualquer reação e ela falou ainda mais nervosa:

— Meu Deus! Eu não criei filho para isso, não!

Leandro nada dizia enquanto a mãe, em desespero, o advertia sobre as consequências de suas ações.

Mas a voz de dona Isabela entrava na mente dele de forma deturpada. Existiam influências espirituais negativas atuando ali. Nos últimos tempos, o rapaz vivia rodeado de sinistras entidades.

Na verdade, desde muito novo ele sentia aquelas presenças em sua vida. Tinha sonhos e às vezes ouvia vozes, via vultos e era envolvido por sensações muito estranhas. Já tivera, inclusive, alguns casos de desmaio, mas nada que fosse visto com seriedade pela família, que não acreditava em religião, espíritos e essas coisas.

O desequilíbrio emocional criado pelos últimos acontecimentos e pelo uso dos tóxicos estava colocando tudo em uma condição mais delicada, deixando-o quase louco devido à ação das terríveis entidades que cada vez tinham mais domínio sobre a mente do rapaz.

Leandro sentia-se ainda mais perturbado com as palavras de sua mãe. Aquele sermão era para ele uma irritante ladainha. E novamente a voz macia e suave, que, em sua concepção, só poderia pertencer a uma linda mulher, fez-se ouvir:

— Se não lhe querem aqui, saia! Você não é doente para ficar preso em um hospital. Também não é criança para que digam o que deve ou não fazer. A vida é sua!

Decidido, ele se levantou rapidamente e deixou a mãe falando sozinha. Foi para o quarto, colocou algumas peças de roupa na mochila e, sem dizer uma só palavra, saiu de casa batendo a porta.

Seguiu para o local onde Arthur havia adquirido a droga na noite anterior e comprou mais, ficando dias fora de casa. Repetia esse processo constantemente, aumentando a cada ida a quantidade de droga consumida, até que decidiu não comprar mais no atravessador e foi buscar direto na boca de fumo.

Assim, Leandro foi se tornando cada vez mais dependente daquele vício terrível e passou a ficar distante do lar, comprando drogas e fazendo o uso das substâncias nos próprios becos sujos e escuros onde as adquiria.

6

FUNDO DO POÇO

Leandro não sabia há quanto tempo estava naquela situação. Só saía do ambiente obscuro em que se encontrava para sacar dinheiro e consumir mais e mais substâncias químicas. A cada uso, conseguia um pouco mais de anestesia para as dores morais que só aumentavam.

Ele ficava remoendo os mesmos pensamentos negativos e desanimadores. Perdera o grande amor de sua vida, matara o próprio filho, havia brigado com a mãe e nem mesmo o pai, que sempre o protegera, queria mais saber dele. O sonho de ser um médico de sucesso não mais existia e ele já nem sabia mais se estava vivo ou morto. Não tinha forças para mudar a precária situação e não sabia ao certo o que fazer. Estava completamente perdido.

Leandro teve de alugar uma quitinete perto de onde comprava as drogas, já que sua presença constante no local e alguns surtos que tivera estava atrapalhando o movimento do tráfico. Na verdade, fora proibido de ficar nas proximidades da boca de fumo. Os traficantes o expulsaram de lá, permitindo apenas que fosse comprar a droga e se afastasse imediatamente.

O jovem belo e rico de antes estava se tornando um farrapo humano a quem ninguém mais respeitava. A voz doce que ouvia já não era apenas uma voz. Agora ele podia ver a bela mulher que proferia aquelas palavras tão envolventes. Achava que era uma ilusão, um transe toxicológico, uma alucinação devido à grande quantidade de entorpecentes ou sabe-se lá o quê. Quando criança, via vultos e às vezes tinha a impressão de ver pessoas que ninguém mais via. Só que agora era diferente.

O fato é que ele não se importava mais com nada. Certo dia, como fazia periodicamente, foi ao banco retirar dinheiro para se manter. Todos encaravam com olhares de estranheza aquele jovem malvestido, muito magro, barba e cabelos por fazer, mas ele não ligava para os olhares indiscretos; entrava e sacava volumosa quantia. Porém, dessa vez, não foi autorizado, descobrindo que a conta estava bloqueada.

Saiu furioso do banco e seguiu em direção a uma praça, onde passou o resto do dia remoendo estranhos pensamentos. Pensou em ir tirar satisfação com o pai por ter bloqueado o dinheiro dele, considerou a hipótese de pedir escondido à mãe e chegou a pensar em pegar emprestado com algum amigo. Várias possibilidades passaram por sua mente, mas ele nada fez. Estava frustrado e com raiva ao mesmo tempo. O pânico de não conseguir comprar mais drogas o apavorava.

Já tarde da noite, decidiu voltar para a pequena quitinete que havia alugado. Andando de cabeça baixa pelas ruas, sem saber o que fazer, enchia-se de questionamentos: "O que vou fazer agora? Como vou me manter? Como vou comprar mais? E ainda tem o aluguel..."

De repente, no reflexo de um carro estacionado perto da calçada, viu nitidamente o seu rosto acabado, magro, com olheiras que lhe cobriam toda a face, e a pele amarelecida, mais parecendo a de um defunto.

Nesse momento, Leandro enxergou a imagem do mesmo idoso negro ao seu lado. A entidade lançou-lhe um olhar de piedade enquanto lhe dizia mentalmente:

— Já é hora de sair dessa vida. Isso não é para você. Ainda dá tempo.

Leandro, enfurecido, começou a gesticular e a dizer com irritação:

— Quem é você, que sempre aparece, fala alguma coisa e some? Fui ao quarto de Rafaela fazer uma visita, tentar consertar as coisas, como você tinha dito, e fui escorraçado como um criminoso. — Suspirou fundo e continuou falando enquanto encarava o vulto pelo reflexo do vidro: — Na outra vez, no sonho, você me falou para salvar meu amor, mas, chegando lá, só vejo morte! Quem é você? É real ou uma ilusão criada só para me perturbar? Ah, talvez seja uma alma penada que de nada me serve.

Nesse instante, Leandro ouviu uma gargalhada; era ela, a amiga que ali estava ao seu lado. Mostrava-se inteligente e companheira ao dizer, com muita influência sobre o jovem:

— Não escute esse velho que só lhe trouxe dor. Sou eu que sempre o ajudo e não será diferente agora. Pare de olhar para esse reflexo como um louco e veja essa bolsa aí no banco do carona. Não tem ninguém olhando. Quebre a janela e pegue, pois isso vai ajudar, por ora, com os seus problemas.

Obediente, o rapaz arremessou um paralelepípedo contra a janela, quebrando-a, roubou a bolsa e saiu correndo, sem que ninguém visse.

Aquele foi o primeiro de vários furtos que passou a fazer para se manter.

Um dia, estava na rua, assaltando um senhor com uma faca, repetindo o que já tinha feito algumas vezes na mesma região, quando, ao tentar fugir com os pertences de sua vítima, ouviu um estalo alto e seco.

Imediatamente seu corpo ficou gelado. As pernas fraquejaram e ele caiu. Olhou para o céu e tudo foi escurecendo aos poucos. Sua respiração estava difícil e toda vez que tentava aspirar o ar, que lhe começava a faltar, sentia uma dor insuportável. Tudo estava lento... Pouco a pouco, sua visão foi ficando turva, até que apagou de vez.

7

NOS DOMÍNIOS DAS SOMBRAS

Aos poucos, Leandro foi tomando consciência de si. Tinha a impressão de ter dormido por anos. Uma longa noite em que os pesadelos foram muitos e quase constantes. Neles, relembrava sua família, repetidas vezes lembrava-se da conversa no apartamento de Larissa e da tragédia do aborto. Lembrava-se da cocaína, dos assaltos e furtos; era como se estivesse vivendo em uma noite sem fim.

Logo que acordou, percebeu que não conseguia enxergar e quase não podia se movimentar. Agonia terrível foi tomando conta de seu ser. Foi ficando tão angustiado, que mal conseguia respirar. Aspirava o ar e tinha a impressão de não ser o suficiente. O ar estava pesado.

A mente confusa e atordoada não deixava que ele tivesse a percepção do tempo. Não sabia há quanto tempo vinha travando aquela luta para abrir os olhos e se movimentar.

Com muito esforço, foi conseguindo mover as pálpebras e notou que estava em um lugar estranho. Ainda não conseguia se mexer. O corpo todo doía, uma sensação de frio era pontualmente sentida em suas costas, de forma que o atravessava e lhe queimava até o peito.

Uma espécie de substância líquida e densa, tal como lama, o prendia. Era como se estivesse com quase todo o corpo submerso. Leandro estava deitado e olhava para o céu. Em sua mente, que ia lentamente despertando, uma grande dúvida pairava: "Onde estou?"

Tinha a visão de uma estranha noite avermelhada. Criaturas que se assemelhavam a lagartos gigantes voavam bem alto. O ar era pesado. Tudo ao seu redor aparentava estar morto e estranhamente envolto por neblina. De tempos em tempos, estridentes gargalhadas eram ouvidas e quase sempre cessavam com as insistentes reclamações e choros que se ouviam sem parar.

Nunca tinha visto um lugar parecido com aquele. Os dias foram passando e nunca clareava. O vento era intenso e cortante, varrendo seu rosto. "Estarei louco? Será que usei drogas demais? Como vim parar aqui? Será que minha mãe me internou à força na tal clínica e isso é efeito dos remédios? Que espécie de alucinação é essa?". Esses pensamentos borbulhavam na mente confusa do jovem, sem encontrar respostas.

Leandro não tinha a menor ideia de quanto tempo ali permaneceu. Esforçava-se para sair e sentia dores alucinantes, como se algo transpassasse seu ser e o imobilizasse.

A cada tentativa de sair da lama, mais dor sentia. Estava enfurecido com aquela situação, mas não tinha forças para se levantar. Estava literalmente atolado, e o cansaço era imenso. Logo caía no sono, extenuado.

Ao acordar, iniciava de novo o ciclo de tentativa, raiva, cansaço e sono. Sentia sede, fome, frio e, muitas vezes, medo. A impressão que tinha era a de que estava preso em um pesadelo, como nos filmes de terror a que assistira algumas vezes. Só que dessa vez estava acordado. Gritava, praguejava, sentia vontade de usar cocaína...

Aos poucos conseguiu se desprender um pouco. Agora tinha mais mobilidade com os braços e com a cabeça. A batalha para se soltar da vala de lama continuava com o passar dos dias. Gritava e ninguém ouvia. Parecia estar condenado a ficar eternamente naquela situação.

Certa vez, depois de muito tempo, lembrou-se de sua "amiga imaginária"; aquela voz doce com certeza teria mais um bom conselho para lhe dar. Logo começou a lembrar daquela linda mulher, sempre bem-arrumada com seus vestidos pretos, cabelos trançados e olhar indescritível. Como que em uma aparição fantástica a partir de uma sinistra fumaça, estava ela ali à sua frente, com aquele característico olhar de sagacidade e seu sorriso sedutor, dizendo:

— Ora, ora! Olha quem me chamou, e logo hoje. Doze anos depois da última vez em que nos vimos. Parabéns pelo seu aniversário de falecimento — disse sarcasticamente com estrondosa gargalhada.

Leandro gelou e entrou em confusão mental. Gritava euforicamente como um alucinado:

— Eu não estou morto! Eu não estou morto! Eu não estou morto...

A cada grito desesperado, tinha a impressão de sentir mais dor, medo e intenso frio. A imagem da bela mulher começou a se desintegrar dizendo:

— Amanhã eu voltarei para lhe ver... Ou não. Quem sabe? Há, há, há...

Leandro não conseguia entender nada do que estava acontecendo e chorou copiosamente, preso ainda à estranha poça. Sentia falta do uso de drogas e tinha muito medo do desconhecido. Pensava, pensava e não conseguia concluir nada: "Será que estou no inferno? Não posso estar morto. Devo estar louco!". Até que adormeceu profundamente, sem que pudesse perceber a passagem do tempo.

Acordou com um forte solavanco que o tirou da lama de uma vez.

Era sua amiga, dizendo:

— Eu não prometi que viria?

O jovem, chorando, agradeceu:

— Graças a Deus, você veio!

Com ar de ironia, a bela mulher respondeu rindo:

— Graças a Deus? Você nem acredita em Deus! Há, há, há...

A seguir, fez um gesto para que ele a acompanhasse e ordenou:

— Vem comigo que vou lhe explicar tudo. Você está muito confuso.

O rapaz viu se afastar a mulher que tinha acabado de salvá-lo e que demonstrava conhecer bem aquele local. Apressando-se, tratou de segui-la o mais proximamente possível.

Soldados da Luz - Uma jornada de amor com a Umbanda

8

ENGRENAGENS DO MAL

Leandro tentou seguir a mulher como pôde. Tropeçava nos altos e baixos do terreno irregular, caía em poças podres, com um cheiro horrível que nunca havia sentido, e continuava ouvindo macabros sons de gemidos e gritos tão assustadores que faziam com que ele tivesse medo de ficar para trás.

Aquela misteriosa e encantadora mulher ia à frente com seus passos rápidos e o jovem se esforçava para não deixá-la se afastar muito. Suas pernas pareciam estar dormentes e ele começou a ficar cada vez mais para trás, sem conseguir estreitar a distância que só aumentava. De tempos em tempos, Leandro ouvia sua amiga resmungar:

— Ande rápido. Eu não vou ficar esperando você.

O rapaz, que já estava muito cansado, de repente viu tudo rodar. Estava sem ar e, mais uma vez, sentiu aquela forte dor transpassar-lhe as costas, caindo no chão.

Acordou assustado, com forte descarga elétrica que o colocou em alerta rapidamente. Não estava mais naquele terrível cenário. Encontrava-se agora em um lugar limpo e bem organizado, muito diferente do estranho ambiente onde estivera e que mais parecia ter sido retirado de um filme de terror. Ali as paredes eram brancas com detalhes em marrom, e quadros sóbrios davam um ar sofisticado à edificação.

Leandro abriu os olhos e viu que estava deitado em uma maca. Parecia um consultório e, ao seu lado, estava a mulher conversando com um homem alto, bem-vestido. O senhor com quem ela dialogava estava usando sapatos pretos brilhantes, calça social cinza-escuro e camisa com botões brancos, um belo relógio e gravata vermelha. Aparentava ter uns cinquenta anos, evidenciados por tons grisalhos no cabelo e na barba bem desenhada.

"Deve ser um médico", pensou o jovem, tentando ouvir detalhes da conversa.

A mulher dizia:

— Roberto, este é aquele trabalho ao qual eu estava me dedicando.

— Qual?

— Não lembra? O Thomas. Finalmente o encontrei e agora poderei continuar o planejamento que fizemos — explicou orgulhosa a bela mulher.

— Caramba! Que ótimo! Você está bem perto. Depois de tanto tempo e trabalho, vai ter os dois desgraçados em suas mãos — disse Roberto de forma sinistra.

— Sim. Eles me pagam. Quem espera sempre alcança.

— Deixe-me analisar melhor a situação — disse o homem, apanhando um livro que estava sobre a mesa.

Ao folhear o grosso livro, de capa de couro na cor vinho, ele falou:

— Hum... Agora me recordo melhor. Doze anos inconsciente no vale?

— Sim, acordou tem alguns meses. Eu o resgatei ontem — respondeu a mulher, apreensiva pela resposta de Roberto, que analisava com zelo os dados contidos no livro.

— Estou vendo que usou o nosso protocolo com maestria. Parabéns! Após este caso, com certeza vamos levar essas informações aos superiores e você será promovida. Estou orgulhoso de você — disse ele.

— Estou bem perto. Tendo o Thomas em minhas mãos, já estou na metade do caminho. Os colaboradores estão fazendo as infusões em Manuella. Não tenho dúvidas de que ela irá sucumbir. Logo, logo, os dois estarão nas engrenagens, para que eu possa iniciar o meu deleite. Quero ver os dois sofrendo!

Após breve pausa, lembrando o passado e imaginando o futuro, a bela moça continuou:

— Só tenho a agradecer por todas as lições e ferramentas que me deram e ensinaram a usar ao longo desse tempo.

— Você sabe que essas palavras muito me agradam, mas discurso não põe mesa. Como vão os outros casos de que está cuidando? — perguntou Roberto.

— Estão neste livro aqui — ela respondeu, enquanto entregava ao homem um livro de mesma aparência que o anterior, porém de cor verde-musgo.

À semelhança do professor que corrige a redação de um aluno aplicado, Roberto analisou o livro e disse depois de algum tempo:

— Isso não está nada bom!

A mulher, baixando a cabeça, concordou:

— Sim... Eu sei. Estou me esforçando, mas, sabe... Tem dedo dos "homens" aí nesse caso.

— Mas você já mapeou a casa que está nos atrapalhando?

— Ainda não.

— É, talvez eu tenha me enganado a seu respeito — falou Roberto com ar de impaciência e um pouco de raiva, enquanto fechava o livro e encarava a mulher, que tentava contornar a situação falando apressadamente:

— Me perdoe! Prometo cuidar disso agora mesmo — e, olhando para Leandro, que a tudo escutava sem nada entender, disse com um sorriso de canto de boca: — E você vai me ajudar.

O rapaz ainda estava se esforçando para compreender os últimos acontecimentos de sua vida. Eram muitas perguntas a exigirem respostas: Quem seriam Thomas e Manuella? Quem teria ficado inconsciente por doze anos? Que lugar era aquele e por que ele fora levado até ali?

Roberto saiu da sala dizendo que tinha de participar de algumas reuniões muito importantes sobre um novo projeto de impacto social e deixou os dois a sós.

A moça olhou para Leandro e disse de forma sensual:

— Meu amigo, preciso de seus préstimos. Sabe como tenho sido boa para você e o tanto que tenho lhe ajudado. — Dizendo isso, estendeu a mão: — Venha aqui comigo.

Leandro foi levado a um cômodo pequeno, onde jantou e pôde descansar um pouco. No dia seguinte, a mulher o levou a uma espécie de sala de aula e explicou alguns conceitos importantes para que seu "colaborador" pudesse cumprir a tarefa com êxito. Desse modo, o rapaz começou a entender mais sobre o que estava acontecendo. Foram cinco dias ouvindo e aprendendo a respeito do mundo espiritual.

Leandro teria de fazer um favor para a amiga que tanto o ajudara e aqueles ensinamentos eram instruções práticas para que conseguisse coletar informações sobre um determinado lugar. Deveria levantar dados básicos para servir de referência a fim de que um plano de estratégia e ação fosse feito.

Terminada a aula do último dia, a moça pediu que ele esperasse em sala:

— Vou pegar algo para você. Tenho certeza de que vai gostar.

Após alguns minutos, ao voltar, ela deu a ele uma roupa que parecia ser uma capa de chuva transparente, dizendo que a vestisse. A ordem foi cumprida rapidamente e, ao colocar a roupa, uma forte descarga elétrica percorreu o corpo do rapaz, que parecia ter sido fortalecido por uma dose de adrenalina e bem-estar.

A moça também ofereceu uma substância branca, fluídica, dizendo com olhar felino:

— Vê se você gosta disso aqui, Sinhozinho.

O jovem aspirou a substância, que se desfazia ao entrar em seu corpo, e o êxtase foi grandioso. Ele não sabia o que era, mas se sentia mais vivo e poderoso do que nunca. Conhecia bem aquela sensação e sugou tudo rapidamente, pedindo mais.

— Se você fizer tudo direitinho, talvez eu lhe dê muito mais — a mulher respondeu de forma maquiavélica.

A moça, a quem chamaremos de Ana, levou Leandro, que vestia a sua capa, pelos corredores do edifício que se assemelhava a um grande centro de negócios, com vários corredores e salas de reunião. Pessoas iam e vinham o tempo todo, apressadamente. Os dois foram andando pelos vários corredores até chegarem a um salão com várias portas que davam acesso ao que pareciam elevadores.

Ao entrarem em uma das portas, saíram num beco escuro e sujo. Após pequeno percurso chegaram a uma grande e movimentada avenida, com pessoas indo e vindo pela calçada. Carros formavam um intenso trânsito.

Leandro ficou assustado com o que viu. Que carros eram aqueles? O que estaria acontecendo? Ana percebeu sua perplexidade e explicou de forma cinicamente atenciosa:

— Como eu falei nesses últimos dias, você desencarnou. Perdeu seu corpo material, mas a vida continua. Estamos em 2004. As coisas evoluem. Você vai aprender com o tempo.

Com autoridade, olhou para o rapaz e, após dar nele mais uma descarga da energia que o fez voltar ao foco, explicou pausadamente:

— Preste muita atenção: eu ficarei aqui. Você vai seguir por esta rua até o cruzamento. No fim dela, vai virar à direita e logo nessa esquina verá homens e mulheres vigiando e controlando todos os que passam. Não tenha medo da aparência nem do que emana deles. Não vão lhe fazer mal.

Após breve pausa, continuou ela, de forma séria, a falar para o jovem que prestava muita atenção às instruções:

— Você vai seguir até ver o muro branco de uma casa. Vão ter outras pessoas indo para lá também. Você vai entrar e conseguir algumas informações para mim. Contar o número de pessoas encarnadas que trabalham lá. Horários, dias de reunião e tipos de trabalhos.

Ana fez uma pausa e perguntou se ele já conseguia reconhecer a diferença entre encarnados e desencarnados, apontando para algumas pessoas que estavam na calçada. Leandro disse que sim e, após um aceno positivo com a cabeça, a moça continuou:

— Quero que me diga também mais ou menos quantos desencarnados trabalham lá. Muito cuidado com as mentiras que tentarão lhe contar. Para terminar, meu amor, descubra também os nomes dos chefes e auxiliares desencarnados e principalmente dos encarnados.

— Como vou fazer isso tudo? — o rapaz perguntou confuso, pois a tarefa parecia complicada demais e sem muito sentido para ele.

Ana voltou a encará-lo de modo sedutor ao responder:

— Dá o seu jeito, ora bolas! Pergunte, olhe tudo, verifique, pesquise... Quem sabe não lhe dou muito mais do que você quer quando voltar?

E lá foi ele de cabeça baixa e bastante nervoso, sem entender o porquê nem para que deveria fazer aquilo, mas o que Ana prometera era irresistível. Além disso, Leandro se sentia comprometido com aquela misteriosa mulher. "Ela sempre me ajudou. Mostra que quer o meu bem. Certamente me recompensará por lhe fazer esse favor", pensava.

E, sem se dar conta, passava a fazer parte de algo bem maior do que poderia imaginar. Na verdade era apenas uma pequena engrenagem a serviço do mal.

9

SENTINELAS DA LUZ

Leandro seguiu o percurso ensinado e, logo ao dobrar a esquina, deparou-se com três homens de aparências bem diferentes da maioria dos que ele estava vendo, e duas mulheres lindíssimas com roupas de outros séculos.

Um dos imponentes homens parou o jovem que tentava passar despercebido. Era conhecido como Encruza. Leandro gelou, nunca tinha visto alguém com aquela altura e tão musculoso. A forma como ele se vestia e o seu magnetismo pessoal assustavam o jovem, que nada conseguia dizer, só apontar para a casa brilhante ao fim da rua que irradiava forte luz branca.

Ao olhar para o lado, Leandro percebeu que outro homem se aproximava. Era chamado de Exu Caveira e trazia em suas mãos um longo tridente metálico.

Encruza olhou para o jovem e, por alguns momentos, com seu olhar penetrante, vasculhou os pensamentos dele, que se sentiu invadido e amedrontado.

Após alguns instantes, o exu disse:

— Pode ir, meu filho.

O rapaz passou assustado e continuou seu caminho em direção à casa. Enquanto isso, as duas entidades começaram a conversar sem que o jovem conseguisse ouvir.

— Ô Encruza, por que o deixou entrar? Não percebeu sua intenção de espionar para a Natureza Humana[1]? — perguntou Exu Caveira.

— Sim, percebi — respondeu Encruza. — Acha que eu ia deixar um porco desses me enganar? Há, há, há ... Pai Vidal tinha me avisado, há uns meses, que esse cara viria. Gravei a imagem dele. Acordou tem uns meses no umbral da Baixa e agora está teleguiado por uma inimiga cármica que o está usando como capacho. Parece que o feitiço vai virar contra o feiticeiro. Aguarda só!

— Já vi histórias assim. Pai Vidal sabe das coisas! Há, há, há... — comentou Exu Caveira.

Nesse momento, os dois companheiros ouviram de Zé Pilintra, o terceiro sentinela, que estava no outro lado da rua:

— Depois dizem que sou eu que gosto de ficar de papo, né? — caçoou ele com os dois exus e, após sonora gargalhada, continuou: — Vamos trabalhar, vamos?

Todos os cinco dedicados espíritos riram e permaneceram em seus postos avançados, trabalhando pela segurança da obra. Barravam alguns espíritos, deixavam outros entrarem e

---

1 Nome dado pelos espíritos para uma das muitas organizações de espíritos comprometidos com a ignorância e o atraso do progresso da humanidade.

Soldados da Luz - Uma jornada de amor com a Umbanda

de vez em quando misteriosas radiações eram emitidas por suas armas, adormecendo e aprisionando alguns revoltados.

Leandro, titubeante, continuou andando. Ao chegar à porta da casa, viu outro grupo de trabalhadores que parecia obedecer a um homem de capa e cartola e que também estava à entrada, perto de uma pequena construção de madeira dentro da qual havia um copo com água e uma vela branca.

O chefe, como era chamado pelos outros espíritos, permitiu que ele entrasse, assim como permitia ou negava a outros. Fortes ondas magnéticas abalavam o jovem e todos os outros que estavam em condição semelhante à dele, só parando quando esse homem, sem que Leandro pudesse compreender como, liberava para entrar.

Era a tronqueira de Umbanda e o seu chefe, o senhor Tranca Rua das Almas. O jovem não sabia o que era ou como funcionava aquele campo de força, tampouco para que servia aquela pequena casinha de onde saíam ondas magnéticas, mas tinha guardado esse intrigante nome que ouvira de um dos espíritos que cochichava com outro, enquanto entravam em fila para dentro do terreiro.

Leandro entrou no terreiro e ficou meio perdido, mas tentou seguir o fluxo quando imponente índio, com pinturas de guerra e comprida lança, tomando conta de outra espécie de cancela energética, o olhou e disse secamente que ele poderia entrar:

— Você está autorizado. Mas sem gracinhas.

Outro caboclo que se aproximava recebeu militarmente a determinação do imponente índio que tinha autorizado a entrada:

— Ogum de Ronda, leve este aqui até a área dos sofredores. Este eu quero perto do cruzeiro, no andar superior, que vai estar mais vazio. É um pedido de Pai Vidal.

Ogum de Ronda prontamente obedeceu à determinação dizendo simplesmente:

— Sim, senhor, Ogum Megê!

A seguir levou Leandro a um local onde estava mais meia dúzia de espíritos, conversando com simpática senhora de sorriso largo e olhar acolhedor.

Leandro se esforçava para observar tudo, gravar cada imagem do ambiente e cada nome, como Ana havia determinado. Uma certeza ele tinha: aquele lugar deveria realmente ter alguma coisa de importante, pois possuía muitas barreiras e muitos trabalhadores. Tudo era muito bem organizado.

"Por que será que ela me mandou aqui? Não sei, mas vou fazer a minha parte. Ana merece, por ter sempre me ajudado", pensava ele, enquanto tentava realizar a tarefa de que fora incumbido.

10

NO TERREIRO

Sentado em uma cadeira, Leandro conseguia ver o amplo salão logo embaixo de onde estava. As dimensões espirituais da Casa de Umbanda não eram as mesmas das físicas, que os encarnados conseguiam ver. Ele estava em um dos vários locais que materialmente não existiam.

Pelos seus cálculos, cerca de vinte encarnados estavam trabalhando na casa, sendo amparados por pelo menos oitenta iluminados trabalhadores do astral. Havia muito mais espíritos na condição dele naquele espaço. Arriscaria dizer que eram algo em torno de cem a cento e cinquenta desencarnados.

Alguns estavam lá para ouvir palestras, outros entravam em salas que só existiam espiritualmente e ele não sabia para que serviam. Alguns estavam estranhamente agarrados aos encarnados, que eram chamados pelos trabalhadores de "consulentes".

Analisando a área dos consulentes, observou crianças, homens e mulheres. Alguns aparentemente concentrados, outros conversando discretamente. Leandro olhou um por um e tomou um grande susto. Não se segurando, gritou alto:

— Minha mãe!

Ele olhou para os lados, tentando pedir para ir até onde a mãe estava. Nesse momento, deparou-se com o mesmo velhinho de outros tempos. Aproximava-se dele em passos lentos e seguros, irradiando uma luz que acalmava, e disse com voz branda:

— Meu filho, há quanto tempo...

Leandro ficou tonto. Não conseguia saber se olhava para aquela luz inebriante ou para dona Isabela. O guia de luz exalava amor. Tudo era paz ao seu lado. A presença do preto velho serenou o coração aflito do jovem, que permaneceu sentado, tendo ao seu lado aquela generosa entidade.

Agora mais calmo, começou a observar o movimento material e espiritual que aumentava no salão. A sessão de Umbanda estava começando. Canções estranhas para ele eram entoadas em coro e ondas difíceis de explicar eram sentidas por todos os desencarnados. Por um momento, o rapaz se esqueceu completamente de Ana e de tudo que tinha vivido nos últimos tempos.

As vibrações em forma de pulsos magnéticos tinham seu impacto aumentado na atmosfera espiritual. A energia expandia-se e agitava-se, de acordo com o que era cantado pelos encarnados que estavam conectados a uma espécie de luz. Tudo o que estava ali se encontrava imerso naquela energia. Espíritos radiantes trabalhando. Imagens de difícil descrição, tamanha era a beleza, estavam sendo plasmadas naquele ambiente sem que os encarnados conseguissem perceber.

Poderosas entidades abalavam todas as estruturas espirituais a partir de impulsos magnéticos que derrubavam larvas, miasmas e outros finos fios de coloração acinzentada, que eram retirados dos consulentes e de alguns espíritos que estavam sendo tratados por meio daqueles abalos.

Índios borrifavam nos encarnados e em alguns desencarnados uma substância retirada da natureza — uma espécie de líquido de coloração verde-brilhante, com um excelente aroma de plantas e flores e que, ao entrar em contato com as pessoas, desaparecia à medida que desembaçava os corpos astrais, tendo estes sua opacidade diminuída, tornando-se assim mais limpos.

Era incrível. Parecia que tudo estava vivo e sob o comando de grandes inteligências. O cheiro, a música, a sintonia, o amor! Vários desencarnados, que há muito estavam sofrendo, observavam extasiados. A impressão que tinham era a de que estavam em um concerto musical mágico onde existiam apenas harmonia, amor e conforto.

Muitos espíritos se emocionavam e iam às lágrimas observando as cenas que eram chamadas de gira. Eram na maioria lágrimas de gratidão ao Criador. Corações cansados de sofrer se abriam para a grandiosidade da luz. A gira era algo surpreendente para Leandro.

"Deve ter esse nome porque tudo está em movimento. Gira deve ser porque de fato a energia está girando", pensava ele, encantado com o que via.

Aquelas magníficas cenas não eram vistas pelos encarnados. Alguns médiuns conseguiam captar timidamente alguns episódios narrados. Dona Isabela estava sentada em uma das fileiras de cadeirinhas simples, na área dos consulentes que abrigava cerca de trinta pessoas.

A mãe do rapaz se sentia bem ali. Havia conhecido aquele lugar por indicação de uma amiga do trabalho que também frequentava e ficara sabendo do que acontecera a seu filho. A Umbanda, no início, era uma religião desconhecida, mas que conseguiu, aos poucos, consolar o seu coração apertado de mãe que tinha sofrido tanto.

Nas consultas com Gira Mundo, Arranca Toco, 7 Pedreiras, Pai Tomé, Vovó Joana, Tiriri, Tranca Rua, Dona 7 Saias e tantos outros, ela encontrava as respostas que buscava, o carinho da espiritualidade, e descobriu o seu lugar no mundo. A cada gira, a cada estudo do Evangelho, a cada sopa doada, ela se tornava uma nova pessoa. Dizia sempre para as amigas que ainda tinham receio quanto à sua nova religião:

— A Umbanda me fez nascer de novo!

Especialmente naquele dia, tinha acordado com muita saudade de seu filho único. Foi ao seu armário e pegou a camisa que havia guardado em uma caixa. Era a única roupa de Leandro que tinha sobrevivido às muitas campanhas de doação que fizera com as coisas dele. Era uma camisa de time de futebol. O jovem tinha verdadeira paixão pelo Botafogo.

Mesmo tendo se passado doze anos, ainda guardava o cheiro daquele que ela não gostava de lembrar como usuário de drogas ou ladrão, como muitos diziam. Não gostava de recordar que ele morrera baleado ao assaltar, com uma faca, uma pessoa inocente. Para ela, era o seu menino que gostava de sair, que estava sempre cercado de amigos, que adorava festas, mas que, infelizmente, perdera o rumo sensato da vida.

Dona Isabela havia passado aquele dia nostálgica e pensativa. Ali no terreiro se perdia nas lembranças do passado. Enquanto isso, todos em coro e com muita fé cantavam a bela canção em louvor à Linha das Almas e aos Pretos Velhos de Umbanda.

A música que era entoada pelo ogã e acompanhada por todos assim dizia:

"Foi com as Almas,

Com as Almas que eu aprendi macumba.

Foi com as Almas,

Com as Almas que eu aprendi macumba.

Com as Almas que eu aprendi macumba, com as almas que eu aprendi a macumbar.

Oh, foi com as almas..."

Sua memória ia longe e ela nem percebeu que já tinha chegado a vez de se consultar com o sábio Pai Tomé do Congo.

Pai Tomé era o preto velho que trabalhava com o Senhor Armando, um homem de seus quarenta e tantos anos e que era porteiro profissional. Ele tinha sido nascido e criado dentro do terreiro. Com muita luta, conseguia manter o legado que um dia fora responsabilidade de sua avó paterna, de seu pai, e agora era ele o Pai de Santo da casa, fisicamente pequenina, mas espiritualmente muito virtuosa.

Armando, ao longo dos últimos trinta anos, já tinha visto de tudo um pouco na religião. Levava muito a sério os ensinamentos de seus guias e se esforçava para ser uma pessoa melhor a cada dia.

Sentado no toco, dona Isabela via apenas o corpo de Armando com as feições embrutecidas pelo transe mediúnico, mas aqueles que fossem videntes ou desencarnados conseguiam ver ao seu lado o doce Pai Tomé com suas guias coloridas, calça branca, dobrada, camisa de botões branca, aberta, e seu chapéu de palha, dizendo sábias palavras que eram canalizadas por seu cavalo[1], em estado alterado de consciência, preservando-se alguns sentidos; o senso comum definiria como semiconsciente. Os

---

1 Médium.

conteúdos mentais do preto velho eram percebidos e canalizados pelo médium, que interpretava e repassava com fidelidade por meio da psicopraxia[2].

Após caloroso abraço, que imediatamente relaxava o consulente e diminuía as tensões mentais, à medida que realizava uma injeção de fluidos de cor azulada, saindo diretamente do guia para o assistido, pôde-se ouvir a entidade perguntar, por intermédio de seu aparelho mediúnico:

— Como *suncê* tá, minha filha?

— Estou bem — disse dona Isabela.

— Essa cabeça voou lá no passado hoje, né? — Ele dizia isso segurando as duas mãos da senhora, que não se conteve e começou a chorar, sendo consolada pelo Pai Velho, que lhe ofereceu um gole de seu café.

Dona Isabela aceitou e, sem perceber, ingeria misteriosa substância luminosa.

— Filha, seu menino tá aqui hoje. Tá sendo cuidado. Ele veio cá. Não sabe de muita coisa não, mas lhe digo que vai ficar tudo bem. Carece apertar seu coração não. Falta pouco para ele ficar com nós cá e quem sabe começar a consertar as burradas que fez. Vamos ter fé em nosso Pai Oxalá e na Virgem Maria, que sabem das coisas. Vai ficar tudo bem, viu?

Dona Isabela deixava escapar algumas lágrimas de seus olhos. Não era a primeira vez que os guias falavam sobre seu filho. O coração de mãe sentia verdadeiro alívio ao ouvir as palavras que iam ao encontro das intuições em seu íntimo.

Após ligeira pausa, continuou amorosamente o preto velho:

---

2 Termo empregado por Lamartine Palhano Jr. para designar os transes mediúnicos em que há o envolvimento psíquico e motor. Também conhecido como "incorporação".

— E seu Matoco[3]? Ainda tá com medo de nós? Continua achando que somos tudo coisa do demônio? Hi, hi, hi...

O assunto continuava. Aqueles eram os minutos pelos quais a mãe de Leandro contava os dias para chegar, e aproveitava cada momento, gravando as luminosas lições em sua alma.

---

3 Marido.

11

SAINDO DO PARAÍSO

Passaram-se cinco horas desde que Leandro tinha chegado à Casa de Umbanda. Enquanto a sessão acontecia lá embaixo, ele podia ver, mesmo que muito pouco devido à sua limitada visão espiritual, fruto de sua pouca evolução, os fenomenais mecanismos de acoplamento dos guias junto aos seus médiuns.

Quando a mãe foi conversar com a entidade, sua vontade era de correr para os braços dela e dizer que se arrependia de tudo, que foi um ingrato e que a amava muito, mas, de alguma forma, aquela capa que Ana lhe deu o dominava quando sentia esses impulsos, limitando algumas de suas ações.

A impressão que tinha era a de que aquela capa podia — ele não sabia como — drenar as suas emoções. Eram muitas informações novas para a sua cabeça. Tanta coisa, que ele nem conseguia ouvir o que a senhora respeitável, de sorriso largo e voz mansa e firme, dizia para aquele pequeno grupo do qual ele fazia parte.

Vovó Catarina falava algumas coisas sobre assumir os próprios erros, abandonar as trevas, começar um novo caminho... Leandro não queria saber dessa conversa. Queria a sua mãe, a sua vida de volta; queria que tudo aquilo fosse só um pesadelo e ao acordar faria tudo diferente.

Enquanto pensava nisso, o preto velho, que ficou todo o tempo ao seu lado e a quem uma menininha — que incrivelmente estava dando aula para outro grupo — chamava de Pai Vidal, disse com expressão serena para o jovem:

— Meu menino, preste atenção. O leite já está derramado. Não dá mais para botar no copo e tentar beber. Agora você tem que limpar tudo o que derramou. A vaca não está no brejo e vai produzir mais leite. Aí, sabendo como se faz do jeito certo, é só ficar esperto com as lições aprendidas e não derramar o novo copo com leite.

Mesmo sem entender muito bem o que o vovozinho misterioso estava falando, Leandro se sentiu bem com a paz que aquelas palavras transmitiam. Após refletir por alguns momentos, voltou a contemplar a sessão que ocorria no salão.

A cantoria era a seguinte naquele momento:

"A sineta do céu bateu, Oxalá já diz que é hora!

A sineta do céu bateu, Oxalá já diz que é hora!

Eu vou, eu vou, eu vou

Olha, fica com Deus e Nossa Senhora.

Eu vou, eu vou, eu vou

Olha, fica com Deus e Nossa Senhora..."

Leandro olhou para o salão e só conseguia ver luz. Parecia que o sol estava ali inundando o ambiente com suas claridades.

O jovem contemplava aquilo pensando: "Como pode um lugar tão pequeno ser assim? Que estranho poder é esse?".

Alguns encarnados já começavam a ir embora e ele se lembrou das determinações de Ana. Faltavam ainda algumas informações que não havia coletado para sua amiga. Viu alguns papéis numa parede; era um quadro de avisos que atentamente investigou.

Em um local de destaque havia a seguinte frase grafada entre aspas: "A Umbanda é a manifestação dos espíritos para a prática da caridade (Caboclo das Sete Encruzilhadas)".

Tinham outras informações. Formas de contato, campanhas de arrecadação de alimentos e roupas, entre outras coisas, mas o que ele fez questão de gravar, pois certamente interessaria à sua amiga, era o calendário do próximo mês:

4 de junho: Gira de caboclos

11 de junho: Gira de exu, homenagem a Santo Antônio

18 de junho: Gira de preto velho

25 de junho: Palestra pública: Jesus salva Lázaro

Agora sua missão estava cumprida. Saiu da casa e, a cada passo que dava, sentia-se abandonando o paraíso. Quanto mais se distanciava do terreiro, a capa, que agora parecia uma camisa de força, mais o incomodava.

Ao passar pela esquina, escutou uma voz encantadora:

— Psiu! Vá pela sombra, moço. Que Santo Antônio lhe guarde.

Era Maria Mulambo quem tinha dito aquilo e ainda estava lá com seus quatro companheiros, trabalhando até aquela hora.

Enquanto voltava para o local combinado, Leandro pensava: "Poxa, todo mundo aqui foi legal comigo. Vou perguntar para a Ana quem é esse povo. Será que é isso que se chama Umbanda? O que minha mãe estava fazendo lá? Até aquele velho também estava nessa tal de Umbanda".

Chegando ao local de encontro, Ana falou impacientemente:

— Pensei que ia morar lá — e, com um sarcasmo macabro, disparou: — Vai virar carneirinho de presépio? Há, há, há...

Leandro, sem entender o motivo daquela postura, disse que estava confuso e que precisava de esclarecimentos.

— Eu vi algumas coisas lá e fiquei com dúvidas — falou ele ingenuamente. — Você poderia me explicar?

— Claro, meu anjo — Ana respondeu com ironia —, mas primeiro me diga o que pedi para fazer.

— Ah, claro! Eles promovem sessões todas as sextas-feiras. O chefe é um tal de Armando e quem o ajuda são a esposa, as filhas e mais algumas pessoas. Ao todo devem ser umas vinte pessoas. Já os desencarnados são muitos.

E o rapaz informou sobre tudo o que havia observado no terreiro, até ouvir de Ana:

— Bom menino. Isso já é o suficiente.

— Agora poderia esclarecer as minhas dúvidas? — ele voltou a inquirir.

Ana, sorrateiramente, pediu que ele não falasse nada e o presenteou com um pouco da substância plasmática e branca. Uma manipulação fluídica que gerava os efeitos psíquicos similares aos da cocaína sobre o corpo físico.

O rapaz mudou de expressão ao olhar aquele presente e o devorou como louco, enquanto a mulher, com olhar felino e sorriso nos lábios, disse baixinho:

— Isso, meu bom menino, toma tudinho.

Como que enfeitiçado pelo efeito da substância, Leandro virou outra pessoa. Perdeu o brilho nos olhos que tinha começado a voltar durante a sessão de Umbanda. Agora estavam opacos e ele se sentia tomado por uma fraqueza imensa. Até um pouco da dor perfurante no tórax voltou a incomodar, e ele só queria consumir mais daquela substância, que lhe parecia ainda melhor do que cocaína.

Voltaram andando até uma localidade estranha, a mesma região pouco iluminada e suja, onde tinham entrado no portal que parecia um elevador. Ao desembarcarem, percorreram o corredor do edifício sóbrio e arrojado, de onde tinham saído mais cedo. Muitas pessoas entravam e saíam de lá.

Leandro seguia a moça parecendo hipnotizado, tamanha era a sua prostração. Ela o mandou esperar no hall de entrada, onde havia uma bancada com atendentes.

Ana se dirigiu a uma das assistentes, pedindo a ela que interfonasse à sala do doutor Roberto, para avisar que ela estava lá com os relatórios da Casa de Umbanda que dificultava o bom andamento do caso 6364.

Após ter a subida autorizada, a bela mulher reuniu-se com Roberto. Leandro ficou observando o intenso ir e vir de pessoas naquele ambiente. Encarnados, desdobrados espiritualmente durante o sono físico, e desencarnados com as mais variadas aparências buscavam os diversos setores do edifício, que era um prédio dentre vários outros, em regiões distintas do umbral, e que pertenciam à organização das trevas.

Enquanto isso, Ana, Roberto e mais alguns assessores conversaram por horas em uma sala de reunião. Estudavam uma forma de minar a instituição que estava no caminho deles.

— Vaidade dos médiuns e fofocas sempre dão certo — afirmou um rapaz.

— Dificuldades financeiras na vida dos responsáveis. Difícil sustentar a obra sem dinheiro para a família. Dependendo de como forem, pode dar certo — opinou uma moça no outro lado da mesa.

Várias opções foram sugeridas e minuciosamente pensadas e debatidas pelas sombrias inteligências daqueles espíritos, até que Roberto, com ar de autoridade, disse:

— Analisando bem tudo o que foi falado, precisamos de um ataque em várias frentes. Vamos fazer o seguinte: desestabilizar a família de Armando. Quero fazer um ataque indireto ao centro. O resultado será o mesmo, ou até melhor. Vamos colocar uma equipe de tocaia para acompanhar os avanços e monitorar possíveis fraquezas. Observação constante nele, na esposa e nas filhas. Uma hora vão dar mole, aí entramos com tudo.

— Vou soar o alarme de prioridade de caso — afirmou uma sinistra sombra, que era um dos participantes da reunião, enquanto usava um aparelho de mensagens.

— Positivo, pode acionar. Estamos sendo muito bem pagos por este caso — concordou Roberto, que olhou para Ana e ordenou: — Quero você e seu porquinho longe de lá. Você sabe como é perigosa essa gente da Cruz. Pelo que percebi, estavam montando um possível contra-ataque com esse seu Thomas e talvez estejam querendo alguma coisa para lhe atrapalhar nesse sentido.

Ana respondeu com um sorriso de satisfação:

— Muito obrigada, Roberto! Como disse, Leandro veio mesmo com um assunto de mãe, de preto velho... Sei como são ardilosos aqueles macumbeiros e não vou perder essa. Ainda mais agora que estou tão perto.

12

ORAI E VIGIAI

Armando era um homem caseiro. Vivia um relacionamento longo e estável com Carmem. Os dois se casaram novos e tinham uma vida simples, mas feliz.

O casal tinha duas filhas moças, que vez ou outra davam alguma dor de cabeça, mas nada fora do normal. Era com muito amor que os genitores criavam as filhas, porém Armando guardava o ressentimento de não poder dar à família a qualidade de vida que achava ter a obrigação de oferecer.

Trabalhava muito, de segunda a sábado, e não conseguia a vitória material que buscava. As dívidas tiravam seu sono. Os juros eram inimigos implacáveis. Dona Carmem também trabalhava e conseguia renda maior do que a do marido, mas, mesmo assim, a situação familiar não era boa. Na verdade, uma condição parecida com a de milhões de brasileiros honestos que dão duro, mas não conseguem seguir, por vários motivos, um planejamento orçamentário eficaz.

A filha mais velha do casal via o esforço dos pais e estava terminando o curso técnico em Edificações para ajudar a família. A caçula, que tinha diferença pequena de idade para sua irmã, não estava nem um pouco interessada em estudos ou trabalho. Gostava mesmo de curtir, sair e passear com os amigos. Nada de mais, apenas o esperado para a idade.

A família não sabia, mas os olheiros das trevas estavam bem perto, esperando uma brecha para investirem pesado contra aquelas pessoas. Os arquitetos do mal sabem que não é possível manter a vigilância o tempo todo na luta do cotidiano. Naturalmente, as dificuldades da rotina tentam nos colocar para baixo. Era só ser paciente e insistente para encaixar um golpe. E, na sequência, outros golpes em série, para não dar tempo de as vítimas levantarem a guarda. O objetivo era criar uma avalanche de fatos e pensamentos ruins na vida dos perseguidos e assim diminuir as chances de se estruturarem novamente ou conseguirem se defender por meio da elevação do padrão vibratório.

Após o estudo do caso, as mentes da ignorância e do mal decidiram que iriam atacar em três frentes distintas, de modo a minar o brio da família, estimular a desesperança e, quem sabe, até a falta de fé.

Iriam estimular as tendências juvenis da filha caçula e agravar a situação de um possível relacionamento amoroso em que a menina estava começando a se envolver. Atiçariam os cobradores a pressionarem para o pagamento das dívidas da família e tentariam, ainda, minar a saúde do pai.

Dessa forma, conseguiriam diminuir as ações da casa de Umbanda, que era intimamente ligada àquele núcleo familiar

Soldados da Luz - Uma jornada de amor com a Umbanda

e estava atrapalhando os projetos de ódio da Natureza Humana, instituição das trevas da qual os espíritos atacantes faziam parte.

Tão logo foi dado o comando de início do ataque, os cobradores caíram impiedosamente em cima. Até ordem de despejo foi acionada, por causa de alguns pagamentos de aluguel atrasados. O pacato e até compreensivo proprietário da casa onde a família de Armando morava mudou de comportamento e se tornou intolerante.

Armando e Carmem começaram a fazer o máximo de horas extras que conseguiam. Venderam algumas coisas para aumentar o faturamento e quitar as dívidas. O pai de família começou a ficar muito triste com aquela situação. Sabia das dívidas, mas pensava que não chegaria a um ponto tão crítico. Procurava disfarçar a tristeza, que começava a debilitar sua saúde em forma de um forte resfriado que não passava.

Dias difíceis para aquela honesta família. O último golpe começou a ser dado quando a filha mais nova passou a intensificar a relação com um rapaz envolvido com o movimento criminoso que comandava o tráfico de drogas no bairro. Os pais, assim que perceberam, ficaram muito preocupados, pois a menina estava a cada dia mais envolvida com as ilusões criadas pelo traficante. Para iludi-la, até os problemas financeiros da família ele dizia ser capaz de resolver.

Armando e a esposa não entendiam como tantas coisas ruins começaram a acontecer sem explicação lógica; tudo isso ao mesmo tempo e num período bastante curto.

Os problemas financeiros, até aquele momento eram ruins, mas controlados. A saúde de Armando piorava e demandava a compra de remédios que não faziam efeito. Porém, o pior de tudo para os pais era ver a jovem Lúcia cada vez mais apaixonada pelo bandido que tentava envolvê-la em suas histórias.

Os planos de Roberto e seus capangas pareciam ir perfeitamente bem. A família estava cercada e sufocando. Pouco a pouco deixaria de dar atenção ao trabalho espiritual e isso pioraria muito mais a situação, virando um ciclo vicioso de mais dificuldades, mais afastamento e, consequentemente, ainda mais problemas, uma vez que a causa de todo o mal era espiritual. Uma demanda cuidadosamente planejada pelos gênios das trevas.

Mas houve um dia em que Armando acordou em seu único dia de folga, após muitos dias dobrando o expediente e fazendo horas extras, e, ao olhar para o lado, viu a figura incomparável de seu grande e iluminado chefe de coroa, o Caboclo Gira Mundo.

O guia, que pouco falava, disse com olhar paternal:

— Você não está percebendo a tocaia que foi armada para a sua casa?

Armando, assustado com aquela informação e ainda tentando entender, ouviu calado o caboclo, que continuou a falar:

— Esta semana vamos fazer um trabalho, aproveitando a força de Santo Antônio, e quebrar esse ataque. Concluiremos no dia da gira pública de exu.

O guia continuou falando com seu cavalo, que ouvia tudo com muita atenção. Armando e a família deveriam tomar um banho de ervas por três dias seguidos. Eram plantas para quebra de demandas e harmonização, que ajudariam com a saúde dele. Todos os familiares deveriam firmar seus anjos de guarda e vigiar suas ações e pensamentos, redobrando a atenção.

O esforçado médium, que já estava se sentindo muito abatido, tanto em seu brio quanto na saúde, ouvia atenciosamente as orientações que iria cumprir com muita fé. Depois perguntou sobre o que mais apertava o seu coração de pai — a situação da filha caçula:

— Mas e a Lucinha? Não sei mais o que fazer. Ela está cada vez mais envolvida com aquele marginal. Sabe... A situação financeira, eu acho que vamos conseguir renegociar algumas dívidas antigas e com o tempo conseguiremos resolver. O senhor, meu caboclo, sabe que sou trabalhador. Só peço saúde para continuar batalhando e, por favor, olhe pela minha filha. Afaste dela esse mal. Todo mundo sabe que aquele cara é bandido.

— Tenha fé, meu filho, vou correr gira! — disse a luminosa entidade, desaparecendo.

Armando deu forte suspiro. Aquela comunicação lhe encheu o coração de esperança em dias melhores.

Já no dia seguinte, preparou os banhos de ervas e todos acenderam velas para seus anjos da guarda com muita fé.

Dois dias depois, Carmem ligou do banco para o marido, dizendo que estava muito feliz, pois tinha conseguido amortizar algumas pendências, renegociando o resto da dívida. Armando já se sentia mais disposto e, na véspera da sessão de exu, ao chegar do trabalho, viu Lucinha chorando.

— O que foi, minha filha? — perguntou comovido.

— Ah, pai, o Claudinho não quer mais papo comigo. Terminou o nosso namoro do nada. Sem explicações. Falou que não quer mais nada comigo e que não quer mais saber de mim.

Armando consolou a filha. Deu-lhe alguns conselhos e, naquela noite, antes de dormir, rezou com todo o seu coração em agradecimento a Gira Mundo e a toda a banda de fé, que mais uma vez lhe valeu .

Em resposta à prece sincera, escutou o brado inconfundível do mentor ecoar em sua mente, seguido pela frase: "Seja forte! Deus é contigo e não se esqueça: filho de Umbanda não cai!".

13

COMA PROFUNDO

Pai Vidal, preto velho trabalhador de Umbanda, sempre que podia visitava a jovem Rafaela, que ainda permanecia todos aqueles anos em coma profundo. Seus pais nunca ficaram um dia sequer sem ver a filha, ao longo de todos os doze anos.

Estavam os dois no quarto do hospital, conversando, quando Pai Vidal entrou e, com sua profunda visão espiritual, viu nitidamente o espírito de Rafaela, ligado por finíssimo cordão prateado, a poucos metros de seu corpo físico. Rafaela encontrava-se arqueada e segurando uma forma que parecia ser um feto pequenino.

A triste cena fazia com que o iluminado guia sempre deixasse cair algumas lágrimas de pesar. De tempos em tempos, ele ia aplicar passes magnéticos na jovem. Além disso, sempre inseria palavras de esperança e consolação no coração dos pais dela.

Naquele dia em específico, Pai Vidal estava trabalhando quando três entidades espirituais, terrivelmente perversas, entraram no quarto do confortável hospital particular. Esses espíritos, como eram pouco evoluídos, não tinham a visão espiritual desenvolvida e, pela diferença vibratória, não conseguiam ver a nobre entidade ali no cômodo.

Entraram conversando. Quando chegaram mais perto de Rafaela para fazer os procedimentos que de tempos em tempos realizavam, disse um dos três, que era aparentemente o mais novo:

— Tô cansado dessa menina e desse garoto. Estamos fazendo isso há anos e não conseguimos nenhum avanço.

— Paciência. A paciência é fundamental em nosso ramo. Estamos conseguindo dilatar os efeitos do coma; pouco a pouco vamos fragilizando o coração e hipnotizando a mãe ao autoextermínio. Vamos minando a sua vontade de manter a vida orgânica e ela se esgotará. Ganharemos, assim, dois coelhos com uma cajadada só — disse com grande frieza o espírito que se trajava como um nobre da Idade Média.

— O pai já é nosso. Agora falta a mãe e, quem sabe, esse menino — disse o terceiro, que usava roupas de carrasco medieval.

— Tomara que estejam certos — redarguiu o mais novo, enquanto, com uma seringa, injetava no perispírito de Rafaela uma substância acinzentada.

Aquele líquido viscoso ia percorrendo o perispírito todo e, através do cordão de prata, chegava ao corpo físico deitado no leito. Este instantaneamente acusava alterações fisiológicas em função de perigosa arritmia cardíaca que a medicina não conseguia controlar nem cuja causa explicar.

— Vocês sabem a história deles? — perguntou o mais novo, que escutou do homem que se vestia como carrasco medieval um seco:

— Não me interessa. Venho aqui e faço o meu trabalho. Recebo e vou embora.

Não ligando para o que os companheiros de profissão falavam, o rapaz disse:

— Falaram por aí que tem a ver com alguma coisa de traição, do tempo da escravidão. Uma história cabeluda de ciúmes e assassinato. Ana está cobrando essa dívida. Acho que está certa.

Mais uma vez escutou um corte seco do rabugento carrasco, que terminava de manipular algumas coisas e em nenhum momento sequer olhou para a menina.

— Não me interessa. É só trabalho.

— Rapazes, já terminamos o nosso serviço por hoje. Aonde vamos agora? — questionou o que trajava roupas nobres.

— Sei de um lugar onde vai ter uma grande festa hoje com tudo a que temos direito. Com certeza vocês vão gostar — falou o que aparentava ser mais novo.

Após os três espíritos saírem conversando e debatendo o que fazer com o tempo vago que teriam, o sábio preto velho, que ouviu e viu toda aquela cena, foi como um soldado da luz acalmar o coração sofredor de Rafaela, que batia descompassado, acusando haver sentido o duro golpe das trevas.

Passados alguns minutos, após a interferência do missionário do bem, o ritmo cardíaco estabilizou-se e até mesmo a angústia do pai e da mãe de Rafaela, que acompanharam o súbito distúrbio pelos equipamentos de monitoramento, também serenou com a intervenção do preto velho.

A mãe de Rafaela, com seu rosário na mão, estava em prece, pedindo aos céus que diminuíssem o sofrimento da filha e que

Maria a trouxesse para os seus braços com um milagre. Pai Vidal, vendo aquela oração sincera da mãe, disse com poderosa indução de energias:

— Tenha fé, minha filha. Vamos vencer essa peleja. Deus escreve certo por linhas certas. Somos nós que não entendemos, às vezes, o traçado das linhas. O seu milagre vai acontecer.

Aquelas palavras não foram ouvidas pela mãe, que apenas sentiu a energia que vinha do iluminado guia, fazendo com que sentisse muito alívio e fé.

— Se Deus quiser, nossa filha vai melhorar — ela disse para o marido, com muita esperança. — Não sei como, mas vai.

Terminando o atendimento, aquele ser de luz, o humilde preto velho, foi para outras visitas. Ele que, além de atuar como guia de Umbanda junto às rotinas do terreiro e dos trabalhadores encarnados, também era profundo conhecedor da medicina dos homens e da medicina espiritual. Era grande curador. Tinha diversos outros pacientes encarnados, que tratava com visitas periódicas. Dupla era a tarefa de Pai Vidal, que se dividia com muito amor entre as visitas e as demandas de terreiro, servindo incansavelmente à causa do bem e da libertação.

Em sua última encarnação, fora escravo numa plantação de café. Trabalhava o dia inteiro sob sol forte e, à noite, com os seus saberes e mandingas, realizava tarefas como banhos de ervas, chás, infusões e alguns outros recursos que aliviavam as dores de seus irmãos de cativeiro. Até mesmo os senhores da fazenda recorriam a ele para alívio de algumas enfermidades.

No tempo de cativeiro, ele dizia sempre:

— Não faço nada de mais. Não sei muita coisa, não. O pouco que aprendi foi com muito esforço de minha mãe; eu só reproduzo. Ela que era boa médica, muito dedicada, e curou muito sofrimento com seus conhecimentos.

Naquela mesma fazenda tinha um jovem escravo que Vidal dizia ter também mão boa para cura. Era o pequeno João, e todos adoravam o menino, que era muito cativante. Até o dono da fazenda adorava aquele garoto e tinha um carinho especial por ele. O pequeno João era o filho único da mais bela escrava, não apenas daquela fazenda, mas de toda a região. Sua beleza era estonteante e chamava a atenção de todos. O nome dela era Ana.

14

A GIRA DE SANTO ANTÔNIO

Chegou o dia treze de junho e as igrejas estavam lotadas de fiéis querendo pedir ao santo milagreiro as suas bênçãos. Outros tantos iam só para agradecer as dádivas recebidas. Fenômeno bonito de ser visto no plano físico, com aquelas multidões de devotos, e ainda muito mais belo de ser acompanhado do plano espiritual.

Falanges inteiras dos trabalhadores de Santo Antônio estavam lá, junto do povo, consolando, curando, vibrando juntos, num só coração, a gratidão pela vida por meio da fé sincera.

Os festejos nos terreiros em nada deixam a desejar em relação às festividades da Igreja. A fé em Santo Antônio é muito grande e ultrapassa as barreiras do catolicismo, até porque, para a luz, não existem divisões. Nas casas de Umbanda, nos terreiros de Candomblé, nas festividades de rua. Todos querem homenagear, ao seu modo, uma das grandes figuras da religiosidade brasileira.

Na tenda de Umbanda onde Armando era o dirigente, cambonos, girantes, ogãs e consulentes entoavam seus cantos de axé em louvor ao santo e a seus trabalhadores espirituais. Os exus e pombagiras, que tanto nos apoiam nas batalhas da vida, seja qual for o caso, estão juntos de nós, com companheirismo e muita dedicação.

Observando o terreiro, lá estava o Pai de Santo e seus filhos, abrindo mais uma gira de caridade em nome de Jesus Cristo. O ponto cantado pelos trabalhadores e consulentes era lindíssimo:

"Abri o meu terreiro, quem mandou foi Deus

Abri o meu terreiro, quem mandou foi Deus

Meu terreiro está aberto pelo meu Ogum Guerreiro

Meu terreiro está aberto pelo meu Ogum Guerreiro."

Nesse momento, claridades indescritíveis tomavam conta da pequena casa onde há décadas a família de Armando e inúmeros outros médiuns praticavam cristianismo vivo. Era uma verdadeira obra de fraternidade. Os trabalhadores seguiam exatamente o ritual e a raiz ensinados por sua avó e seu grande guia, o Caboclo Arruda, que tinham fundado aquele templo.

O Caboclo Arruda dizia que guia só incorporava se fosse para trabalhar sério. Não vinha para falar besteira ou ficar de papo furado, sem objetivo. Dizia ainda que toda gira deveria conter uma leitura, mesmo que breve, do Evangelho do Cristo.

Seguindo fielmente essas instruções, logo após o ponto de abertura, dona Carmem pegava o pequeno e surrado livro de nome, *O Evangelho segundo o Espiritismo*, que ficava no gongá, ao lado de uma pequena Bíblia Sagrada e da imagem dos sete Orixás de Umbanda: Ogum, Oxosse, Xangô, Iansã, Nanã, Iemanjá e Oxum, representados pelas imagens católicas que o sincretismo sabiamente ancorou. Um lindo fenômeno de fé que louva e reverencia o Santo e o Orixá, sendo assim: Ogum e São Jorge, Oxosse e São Sebastião, Xangô e São Pedro, Iansã e Santa Bárbara, Oxum e Nossa Senhora da Conceição, Nanã Boroquê e Santa Ana e Iemanjá e Nossa Senhora da Glória. Acima de todas essas imagens, em uma outra prateleira, estava a imagem de São Miguel Arcanjo, que a vó de Armando dizia ser o Rei de Umbanda. E, sobre todas essas imagens, no local mais alto do gongá, estava um lindo quadro de Jesus de Nazaré.

Ao pegar o livro no altar de Umbanda, dona Carmem pedia mentalmente aos seus guias: "Me ajudem a escolher o remédio para o dia de hoje. Me ajudem a escolher o remédio certo". A mãe-pequena do terreiro, dona Carmem, sempre dizia que cada passagem daquele livro era uma gota de xarope para a alma. Pedindo a presença da espiritualidade, mentalizava seu caboclo trabalhador, Caboclo Pena Branca, que sempre a intuía e fazia com que a passagem a ser lida no dia, ou melhor, o remédio para a alma do dia, fosse o que ele e os outros guias tinham preparado previamente.

Ao abrir o livro ao acaso, como sempre fazia, nessa noite caiu no capítulo 13: "Que a vossa mão esquerda não saiba o que faz a vossa mão direita".

A senhora, de constituições físicas franzinas, tornava-se um gigante quando interpretava os ensinamentos evangélicos. Ela sabia que, ao iniciar com sinceridade, não estaria sozinha. Era, na verdade, inspirada pelo seu guia de luz, que a dois passos de distância irradiava uma luz branca que saía de sua testa e chegava até a cabeça de dona Carmem. Emocionada, ela falava naquele momento sobre a importância de praticar a caridade pura e desinteressada, de fazer o bem sem ver a quem e sem buscar qualquer tipo de retorno pela boa ação. O único retorno esperado deveria ser a paz do outro.

Dizia ainda que cobrar pelos trabalhos espirituais era um erro muito grave. Falava sobre as consequências ruins para as correntes mediúnicas e principalmente para os médiuns, que deixariam de fazer caridade para, na verdade, realizar comércio com os bens de Deus.

Após breve explanação, de uns cinco a dez minutos, porém de grande valia, dona Carmem fechou o livro e, com os olhos marejados, rezou a oração do Pai-Nosso, que era acompanhada por todos.

Em seguida, um experiente cambono da casa saiu de um quartinho com um defumador, esfumaçando todo o ambiente. Espiritualmente soltava fluidos de limpeza e de proteção, que higienizavam o local, eliminando larvas e formas negativas que saíam dos encarnados. E, em algumas obsessões, em que era possível ver o espírito agarrado ao consulente, notava-se um afrouxamento desses laços, à medida que todos cantavam fortemente a canção:

"Defuma com as ervas da Jurema,
Defuma com arruda e guiné
Benjoim, alecrim, alfazema
Para defumar filhos de fé."

Verdadeiras centelhas luminosas eram vistas no plano espiritual junto da fumaça que perfumava todo o ambiente, nos dois planos, produzindo também efeito harmonizador dos pensamentos dos encarnados, que agora estavam ainda mais concentrados nas atividades.

E assim a gira prosseguia conforme o esperado. Exus e pombagiras trabalhando firmes no atendimento à assistência. Senhor Tiriri, incorporado no seu cavalo, em determinado momento chamou Lucinha, a filha mais nova de seu aparelho mediúnico, e, com seu olhar penetrante, disse:

— Eu que afastei aquele cara. Ele não é para o seu bico. Pare de sofrer por quem não lhe merece. Daqui a pouco gente muito melhor vai aparecer no seu caminho, que é certo e reto. Não tem que ficar se misturando com quem quer ter vida errada e torta. E nem adianta falar que não sabia como ele era. Levanta a cabeça e vai! Exu a livrou de uma grande enrascada em que estava se metendo.

15

O CASO 6364

Não pense que só os que buscam fisicamente os nefastos comércios espirituais praticam a bruxaria. A maior parte dos que empregam macabros trabalhos de manipulações densas o fazem inconscientemente, por meio da mobilização de fluidos e espíritos, que são empenhados a partir das ideias fixas e constantes que nutrem, de inveja, ódio e recalque ao que o outro tem ou é.

O caso em questão, 6364, era mais um em que o egoísmo doentio contratava os conhecimentos das trevas. Sombrias instituições se organizam por afinidade no plano espiritual, dedicando-se ao aprisionamento, ao desequilíbrio e à vingança. Como a maioria dos casos de demandas, nesse também não houve um acordo entre contratante e as legiões das trevas na matéria, por meio de um médium.

Muitas pessoas são levadas a crer que os pesados serviços do comércio de magias espirituais são feitos a partir da ida de um encarnado até um "vendedor" desses serviços, também encarnado, que mobiliza e contrata obsessores técnicos. Essas práticas existem. Sempre houve na história da humanidade aqueles dispostos a fazer ou desfazer qualquer coisa por dinheiro; no campo espiritual não seria diferente. Infelizmente, esses contratos são feitos aos montes até os dias de hoje.

Contudo, atualmente, o preconceito, as formalidades sociais e outros motivos desse tempo fazem com que a maioria das pessoas não busque, por meio de sacerdotes desviados ou comerciantes de magia, os contratos de vingança. Os tratados são, na maioria das vezes, selados por encarnados, durante o sono físico.

Ao dormir, a alma goza de parcial liberdade que o sono oferece. Nessa liberdade, vai dedicar-se ao que gosta. Busca as suas afinidades. Muitos vão diretamente entrar em contato com nefastas regiões de sombras, onde seus pensamentos e objetivos encontram eco em outras mentes. Como lobos ferozes, vão ao encontro de rebeldes arquitetos do mal, mestres de hipnose, comunicadores e cientistas que se agrupam por afinidade, em verdadeiras legiões da ignorância.

Todas as noites, durante o sono físico, milhões de espíritos buscam os umbrais. Muitos para contratar ou acompanhar o andamento dos processos já selados de seus pedidos escusos e baixos.

As vítimas, muitas vezes sem nenhuma boa prática caritativa ou tentativa de reforma moral, tornam-se presas relativamente fáceis dos contratados. A caridade — o esforço para ser uma pessoa melhor e querer o bem ao próximo — cria barreiras vibracionais que dificultam e até impedem a ação das trevas.

Soldados da Luz - Uma jornada de amor com a Umbanda

O sono físico é comumente usado pelos técnicos do astral inferior para conduzir seus alvos encarnados aos laboratórios de indução mental ou ectoplasmia densa. Dessa forma, podem estimular padrões comportamentais com sessões de hipnose e inserir, por meio de cirurgias no perispírito, equipamentos que vão minando, a partir de variados recursos químicos, o organismo físico, desequilibrando a libido, o sono, a saúde, usando diferentes técnicas para diferentes fins.

São verdadeiras corporações que empenham tecnologia, conhecimentos e saberes específicos a serviço do mal, tanto nos casos em que os alvos são grandes coletividades quanto em casos de vinganças familiares ou individuais.

Era justamente esse o caso de Samuel, que, junto com sua esposa Alessandra, por indicação de um amigo que era trabalhador da tenda de Umbanda guiada pelo Caboclo Gira Mundo, foi buscar atendimento espiritual para uma série de dificuldades físicas que lhe infligiam muito sofrimento e dor, quase o levando à morte.

A sessão de exu era a última de uma série de três giras seguidas, que deveriam ir como parte de um tratamento espiritual. Samuel era um homem bem-sucedido profissionalmente, sucesso que se refletia em todas as áreas de sua vida. Ele adorava viajar e era praticante de esportes de aventura, sempre ao lado de Alessandra.

Após travar uma série de ações imprudentes de seu sócio na empresa que fundaram, esse fato gerou muitas discussões, inimizade e até sérios entraves administrativos e judiciais entre os antigos amigos. A seguir, estranhas dificuldades em sua saúde começaram a ocorrer.

Samuel sempre foi saudável, possuía bons hábitos, tinha boa alimentação e a vida regrada. Realizava periodicamente exames de rotina, sempre apresentando ótimos resultados. Mas então, de repente, começou a sentir várias e graves disfunções no sistema gástrico. Os médicos não possuíam explicações plausíveis e claras sobre o caso.

Pouco tempo após as discussões e ameaças, surgiram vários desarranjos abdominais causados por infecções bacterianas que não eram resolvidas. Nem mesmo com pesadas doses de remédios. De modo também abrupto, teve de se submeter a uma cirurgia de emergência para tratar o apêndice inflamado — procedimento aparentemente simples quando descoberto rapidamente, mas que no caso de Samuel apresentou várias complicações.

Não bastasse tudo isso, ainda num intervalo de dois meses surgiu grave diverticulite que quase o matou.

Um dia, sua esposa estava narrando esses fatos para alguns colegas do trabalho e a história chamou a atenção de um deles, que, achando tudo aquilo muito estranho, convidou-a para conversar numa sala reservada, onde disse:

— Alessandra, eu escutei por alto a sua conversa. Que coisa estranha, né? Vocês estão precisando de alguma coisa?

— Sim. Os dias têm sido muito difíceis, mas tenho fé de que tudo vai melhorar. Estamos conseguindo levar. O plano de saúde do Samuel é muito bom e estamos com uma boa assistência da equipe médica.

— Que bom! Olha, eu não sou muito de falar de religião aqui no trabalho. Tem alguns colegas que são muito preconceituosos, então tento ser reservado nesse sentido. Não sei se é certo ou errado, mas não gosto de me expor e eu não sei qual a sua religião — disse o colega de trabalho.

Alessandra, percebendo que ele queria ajudar, mas estava sem jeito para falar, foi taxativa:

— Fique à vontade para dizer o que quiser. Nós somos católicos, mas faz anos que não vamos às missas. Não somos muito ligados a religião. Mas fala. O que foi?

— Então, eu sou umbandista. Já adianto que Umbanda é bem diferente da maioria das coisas que falam por aí. No centro em que eu trabalho, já vi muita coisa boa acontecer. Coisas que são difíceis de acreditar para quem não presencia. Não podemos ser irracionais e achar que tudo é trabalho, ou inveja, ou olho grande. Temos sempre de recorrer à medicina, à razão, à ciência e tudo mais. Mas sua história é muito estranha. Acho que não custa nada ir ao centro que frequento, para sondar o lado espiritual também. Pode ser que lhe ajudem; não prometo nada, mas vale a tentativa.

— Não sei. Pode, sim, ser uma boa... Tenho um pouco de medo dessas coisas, mas já fui uma vez acompanhar uma amiga num centro — disse Alessandra.

— Olha, pense com carinho. Todos os atendimentos são gratuitos e tudo é feito pelo bem e para o bem das pessoas.

Pouco tempo depois, Alessandra e o marido foram buscar ajuda com os guias de Umbanda.

Logo após a primeira sessão, Samuel teve uma melhora significativa. Na segunda reunião, ainda mais avanços da saúde. Na terceira gira — a gira de exu —, ele estava sentindo-se bem. Já fazia duas semanas que não tinha a febre e as dores que tanto o incomodavam nos últimos tempos. O desconforto abdominal e o funcionamento do intestino haviam voltado ao normal.

De fato, algo incrível havia acontecido. Os tratamentos médicos agora estavam surtindo efeito. Porém, ele ainda se sentia cansado, com muito sono, sem nenhuma vontade de sair da cama.

Alessandra e o marido estavam cantando os pontos com muita fé e gratidão naquela gira, quando o cambono que controlava as consultas disse:

— Ficha três para o senhor Marabô.

Samuel e a esposa foram conversar com o guia manifestado junto a um jovem médium, que aparentava ter por volta de vinte e quatro anos, ou menos. Apesar da pouca idade, possuía uma mediunidade bem desenvolvida. Era um trabalhador firme e sério, e seus guias estavam cuidando daquele caso.

— Boa noite — disse Marabô ao casal.

— Boa noite — responderam ao exu.

— Já está se sentindo bem melhor, né? Mas ainda falta um pouco pra ficar bom. Pronto para outro perrengue desses? Há, há, há, há... — disse o exu.

— Deus me livre — Samuel benzeu-se. — Nunca mais quero passar por isso e não desejo isso a ninguém! O senhor está certo. Melhorei e estou quase bom, mas tenho me sentido muito cansado ainda. Não estou com vontade de fazer as coisas. Logo eu, que sempre fui muito ativo e que sempre gostei de trabalhar e praticar esporte. O senhor acredita que nesse período eu fiquei doente mais vezes do que em toda a minha vida?

— Eu sei! E sei por quê. Eu vejo a causa do problema, mas hoje você vai sair daqui ainda melhor — afirmou Marabô.

— Assim seja!

Marabô olhou para um cambono que o ajudava e pediu o material que o Pai de Santo havia autorizado e seu cavalo tinha comprado.

Pouco tempo depois, ele voltou com três velas brancas, pemba, marafo e fundanga[1] e, após observar se tudo estava como tinha pedido, o exu foi para a parte externa da casa, no

1 Pólvora.

Soldados da Luz - Uma jornada de amor com a Umbanda

quintal lateral, onde tinha um pequeno jardim. Depois de alguns preparos, Samuel ficou dentro de um largo círculo feito com pemba e fundanga. O exu conseguia ver nitidamente o caso e faria a sua parte do trabalho, que havia sido planejado por ele e pelos outros guias do rapaz.

O caso era complexo. Um trabalho de magia densa feito por irmãos trevosos experientes e muito capazes.

O sócio de Samuel era seu grande amigo, mas ficara cego de ódio, inveja e recalque, sentimentos que nasceram com os desentendimentos administrativos. Nutria constantemente o desejo de vingança, que cresceu ainda mais quando foi afastado dos negócios pelo ex-amigo, por meio de uma liminar judicial.

Pensou em várias formas de dar o troco, até mesmo em assassinato, mas resolveu não contratar um assassino, com medo de ser descoberto. Perderia tudo do mesmo jeito e ainda seria preso.

Ao dormir, era sempre guiado pelos próprios sentimentos de ódio e vontade de vingança que, por sintonia vibratória, o levavam aos umbrais, onde contratou os arquitetos do mal que trabalhavam para a instituição Natureza Humana.

Dessa forma, espíritos altamente técnicos e perversos foram contratados. Colocaram cirurgicamente um espírito sofredor desencarnado colado ao alvo. O encosto desencarnado não era mau. Havia desencarnado devido a uma grave metástase cancerosa em toda a região abdominal. Aquele irmão, apesar de não ser maldoso, não fez nenhum esforço para ser bom. Era indiferente aos sofrimentos das pessoas próximas. Pensava somente em si e nem sabia que havia morrido.

Sem que tivesse intenção, agora era um obsessor acoplado ao corpo energético de Samuel. Sugava as energias vitais do encarnado e, em troca, inundava-o com seus fluidos apodrecidos e doentios. As densas emanações do desencarnado afetavam gravemente a região abdominal do encarnado, que as absorvia, repercutindo em enfermidades no corpo do homem.

Sem maiores méritos iniciais e sem usar os recursos das orações e preces, Samuel sofria muito com aquele ataque. Assim que perdeu o medo e buscou, além da ciência material, a medicina espiritual de terreiro, começou a melhorar. Principalmente quando lhe foi apresentada a necessidade de reforma íntima e de fazer bem ao próximo.

Nas duas primeiras sessões, a equipe de guias desativou as trocas fluídicas entre encarnado e desencarnado, que estavam em simbiose. Fortes impulsos ectoplasmáticos, somados aos fluidos das ervas por meio da defumação e dos banhos, atuaram tanto no descarrego dos fluidos doentios quanto na energização de ambos que estavam necessitados.

Naquela gira, o encosto encontrava-se adormecido por indução magnética dos guias de Umbanda. O poderoso abalo fluídico produzido pela queima da fundanga de Marabô romperia o laço que ainda prendia os dois.

Após alguns segundos de concentração, o exu deu uma forte gargalhada e jogou seu charuto aceso no círculo, que incendiou e foi consumido, produzindo grande quantidade de fumaça e deslocamento de energias.

Após a realização desse trabalho, a entidade de Umbanda disse ao casal que se tratava de uma séria demanda feita e que havia acabado de ser derrubada. Reforçou o que os outros guias haviam falado sobre a necessidade de auto-observação e correção da postura moral. Falou sobre os trabalhos voluntários que a casa tinha em benefício dos moradores de rua, asilos e orfanatos.

O espírito sofredor, que havia sido implantado pelas inteligências do mal, foi encaminhado pelas Santas Almas Benditas a um hospital em Aruanda, com vários outros acolhidos na noite.

Era a Lei de Pemba socorrendo mais dois filhos de Deus com o seu amor e a sua força. Esse impressionante caso passou pelos olhos da matéria como mais um atendimento, como dezenas de outros que são feitos pelos trabalhadores espirituais da Banda de Deus.

Poucas horas depois, materialmente a gira foi encerrada. Alguns médiuns e consulentes foram para a pequena cantina do centro, outros foram direto embora. Os humildes Soldados da Luz continuavam seus trabalhos no plano espiritual.

16

COMBATE ESPIRITUAL

Naquela noite, após a gira, alguns médiuns da corrente, em desdobramento espiritual, foram levados para Aruanda. A Casa de Umbanda presidida pelo Caboclo Gira Mundo iria, junto com outras instituições de combate à ignorância espiritual, capitaneadas por elevados espíritos de Aruanda, realizar um ataque preventivo em uma região umbralina, com o objetivo de coibir nefastas práticas de largo impacto na coletividade.

Estavam todos perfilados marcialmente, em vasto campo de grama verde, bem aparada. Era noite e o local estava iluminado por fortes luzes que pareciam vir de refletores. Centenas de espíritos estavam agrupados militarmente em pequenas frações de tropa. Uma dessas frações era composta de dezenas de médiuns desdobrados, de várias tendas diferentes, que estavam junto com os soldados de Aruanda para aprender ainda mais com as entidades e colaborar com doses ectoplasmáticas.

Eram servidores do bem, já muito experimentados no serviço de atendimento ao próximo, que comumente ajudavam os guias espirituais durante o sono físico, principalmente em tarefas de desobsessão.

Todos ouviam a voz firme e segura do Caboclo Ogum de Lei, que estava vestido e armado de forma semelhante aos equipamentos usados por soldados romanos do passado. O caboclo estava em um local de destaque, à frente da tropa e virado para ela; ao seu lado, seis outras luminosas entidades de Umbanda. Todos ouviam atentamente as suas instruções:

— Irmãos, todos nós sabemos que a humanidade prepara-se para um grandioso movimento de evolução coletiva. O homem está sendo convocado a reflexões quanto à moralidade de seus atos, palavras e pensamentos. O esforço grandioso de Aruanda e de inúmeras outras colônias que são ligadas à crosta terrestre é feito diariamente no serviço de quebra dos automatismos mentais de baixa vibração. Nosso serviço avançado tem relatado sobre o desenvolvimento de inúmeras tecnologias de disseminação de ódio e de extremismos, que dividem a sociedade e impactam negativamente na psicosfera terrestre, com efeitos terríveis nos dias de hoje e ainda piores no futuro.

"Os valores apregoados pela luz estão sendo abertamente atacados pelos arquitetos da ignorância, que desesperadamente dão as últimas cartadas neste planeta. Sabedores do exílio inevitável aos que não se adequarem vibratoriamente, por puro sentimento de egoísmo, querem levar consigo o máximo de almas que puderem. Eles têm usado a mídia e planejam empenhar com mais intensidade as tecnologias da internet e das redes sociais como ferramentas para a propagação da ignorância e do atraso coletivo, disseminando ódios, preconceitos e instabilidade emocional.

Soldados da Luz - Uma jornada de amor com a Umbanda

"Essas atuações negativas, segundo nossos setores de inteligência e pesquisa social, tendem a crescer bastante nos próximos anos e décadas, com o aumento das tecnologias de comunicação no plano terreno.

"Irmãos, soou um clarim nas esferas superiores nos convocando para lutar pela liberdade. Nossa missão é desmantelar um complexo de edificações específicas da instituição conhecida como Natureza Humana. Essa área da organização é comandada por Roberto Asa Negra, velho conhecido nosso que se dedica com todas as suas forças à complexa engrenagem do mal, ligada ao hipnotismo, ao uso de fluidos densos, tecnologias de alcance em massa. Outras equipes também estarão empenhadas em outros alvos, em outras áreas do umbral.

"Irmãos, Deus é nosso guia nessa batalha. Encontraremos forte resistência por parte das trevas. Resgataremos centenas de escravos que são explorados como massa de manobra pelas perversas inteligências. A determinação superior é acolher todos aqueles que sinceramente buscarem auxílio da paz. Os libertados serão levados por nós, em grupos menores, para a rede de apoio dos postos avançados de nossa colônia."

Após esse discurso que vibrava destemor, voluntariedade e disciplina, todas aquelas almas entoaram, em uma só voz, o hino da Umbanda e, como verdadeiro exército de anjos, seguiram, por amor ao próximo, para os campos de batalha nas regiões trevosas do umbral.

Os magos da ignorância, assim que perceberam a aproximação dos soldados da luz, soaram seus alarmes de batalha. Centenas de espíritos escravizados foram lançados na linha de frente e obrigados a ir para o combate. As criaturas flageladas corriam em desespero de um lado para o outro. Muitos deles, quando perceberam o avançar das tropas de Aruanda, tentaram fugir, mas foram impedidos pelos torturadores, que os ameaçavam e agrediam, forçando que ficassem e lutassem. Muitos prisioneiros mal conseguiam ficar de pé. Outros tantos, mesmo sob as ameaças, tentavam fugir e eram feridos por armas e golpes dos soldados das trevas.

Furiosas feras animalescas, com formas assustadoras e gigantescas, corriam pelo campo de batalha na direção dos soldados da luz. Muitos empurravam e pisoteavam os próprios companheiros de crime que estavam em seus caminhos. Divisões inteiras de soldados das sombras agrupavam-se em formação militar de combate. Palavrões, ameaças e ironias eram ditas com muita euforia pelos perturbadores, que gritavam frases de violência aos espíritos de luz.

As lideranças daquele complexo maligno, sabedoras da derrota certa, empreenderam fuga, deixando seus subalternos — muitos deles com grandes conhecimentos sobre batalhas e combate —, na tentativa de conter ou retardar o ataque.

Ao perceber a real proporção do que estaria à frente, os generais do mal comandaram os disparos de poderosas armas de indução mental que estavam na retaguarda. Essas eram usadas em vão contra os guias que avançavam em alta velocidade em direção à horda das sombras.

Um pouco antes de as linhas de frente quase se chocarem, luminosas flechas cortaram o ar, atingindo dezenas de oponentes, que caíam imóveis. Era uma falange de caboclos que surgia pelo flanco direito do campo de batalha, surpreendendo o exército da ignorância.

Logo após essa saraivada de flechas ser lançada, iniciou-se intenso combate. Verdadeira batalha campal. Alguns espíritos trevosos possuíam fortes capacidades de luta e resistiam raivosos e violentamente à contenção dos guias de luz.

O número de espíritos trevosos era muito maior do que o de soldados da luz, mas a inferioridade numérica era facilmente contornada pela extrema superioridade técnica e de combate. Caboclos guerreiros avançavam com tacapes e bodoques, em intensa luta corporal. Habilidosos arqueiros eram vistos imobilizando grande número de oponentes com suas flechas de intensa luz dourada. Grupos de cavaleiros avançavam em velocidade entre as linhas inimigas, que não conseguiam resistir ao ataque. Alguns pretos velhos eram vistos nesse turbilhão. Eles emitiam fortes luminosidades que faziam a noite virar dia momentaneamente, em rápidos e intensos clarões de luz branca. Muitas das feras animalescas foram contidas por essas emissões mentais de luz. Exus enfrentavam com maestria os adversários. Espadas, tridentes e compridas lanças eram manejados com muita habilidade.

À medida que a linha de frente ia caminhando, muitos sofredores ficavam para trás e iam sendo atendidos pelos corações amorosos das entidades que faziam os primeiros socorros daqueles que sofreram, às vezes por séculos, a escravidão das mentes malignas.

Aquela verdadeira guerra durou quase duas horas. Ao término, os enviados de Aruanda haviam conseguido neutralizar centenas de espíritos rebeldes. Muitos estavam presos, amarrados ou algemados; outros, momentaneamente inconscientes devido à ação magnética das armas dos soldados da luz.

Os grandes generais da Banda de Deus iniciariam a segunda fase da ação fraterna: a demolição das edificações voltadas ao mal. O complexo de prédios e estruturas que ficavam na região seria implodido pelos sábios e luminosos guias, que, com isso, estariam pondo fim em muitos trabalhos em andamento e atrasando diversas atividades nefastas.

Enquanto alguns caboclos e exus inseriam as cargas explosivas em pontos específicos da estrutura, a misericórdia e o amor dos bons pretos velhos e de outras entidades acolhiam e amparavam os rebeldes e sofredores que seriam encaminhados e tratados em locais específicos, de acordo com os respectivos merecimentos.

Alguns seriam levados para fazendas de correção e sanatórios espirituais. Já aqueles que tinham os corações cansados de sofrer, e ansiavam pelo entendimento, renunciando ao ódio e ao rancor, foram levados até postos avançados, onde receberiam o tratamento adequado.

Especialistas em rastreamento e conhecedores das regiões umbralinas estavam no terreno em busca dos fugitivos e das lideranças da instituição. Muitos foram capturados após poucas horas, assim como muitos outros nos dias seguintes.

— Arranca Toco, tivemos informações de que Roberto e um grupo de outros líderes foram vistos descendo pelos vales. Agrupe sua equipe e inicie as atividades — dizia firmemente Pai Cipriano, que estava coordenando várias equipes de interceptação e captura.

— Sim, senhor.

Após um gesto de braço de Ogum Arranca Toco, um pequeno grupo com outros quatro espíritos se aproximou. Eram Ogum Xoroquê, Caboclo da Pedra Preta, Exu do Lodo e Tranca Rua.

Dadas as orientações, aquelas cinco entidades iniciavam a procura pelos fugitivos da lei.

Enquanto isso, muitos espíritos recebiam os primeiros socorros. Entre os que foram libertados, estava Leandro, encontrado por Pai Tomé acorrentado a uma grande engrenagem, sendo obrigado a girar sem descanso. O rapaz não lembrava em nada a figura do belo e jovem universitário de outros tempos. Era um farrapo humano. Muito magro, sujo e machucado.

— Pai Tomé, o senhor não deve saber quem eu sou, mas eu o vi no centro conversando com a minha mãe. Tenho sofrido tanto... Por favor, pelo amor de Deus, me tire daqui!

As lágrimas e os soluços interromperam a fala do jovem, que implorava perdão e, com sinceridade, pedia ajuda.

O velho, que estava junto com vários outros guias de Umbanda acolhendo e triando os sofredores, olhou com profundo sentimento de humanidade para Leandro e disse:

— Venha comigo, meu jovem. Eu sei muito bem quem você é. Nós nos conhecemos há muito tempo, mas vamos andando porque este lugar não é mais para você. Você vai com alguns amigos e, assim que puder, eu vou buscá-lo.

17

RECUPERAÇÃO

Leandro foi levado numa carroça, com outros libertos, por algumas estreitas estradas de terra, até alcançarem uma região montanhosa. A comitiva era formada por três carroças grandes que estavam sendo escoltadas por homens a cavalo, fortemente armados. O grupo de escolta era formado por poucos caboclos vestidos para a guerra e um grupo maior de exus, cada um deles com uma aparência diferente. Usavam trajes e armas de vários tempos distintos.

Ao término da estrada de terra batida, após percorrerem sinuosas curvas, já no topo da cordilheira, um dos soldados gritou de forma firme e marcial:

— Alto!

Esse homem não tinha aparência humana; era uma caveira, só ossos cobertos por um manto negro, e carregava duas espadas num cinto metálico.

— Seu Ubirajara Peito de Aço, obrigado pela confiança em nós depositada. Estamos às ordens. Aqui é o local para onde o senhor tinha pedido que os guiássemos — falou em tom de muito respeito, olhando para o líder do comboio.

— Obrigado, amigo! Que Deus lhe pague pela ajuda. Daqui eu sigo com meus homens e, em algumas horas, estaremos nos portões do posto de socorro avançado — disse o Caboclo Ubirajara de forma cordial ao exu.

Os soldados trabalhadores de Santo Antônio despediram-se dos índios guerreiros, que agora guiavam a caravana pelos caminhos cada vez mais amenos.

Aquele grupo de exus formava coesa equipe de trabalho. Atuavam nos umbrais mantendo a ordem e a disciplina. Por serem grandes conhecedores dos caminhos e atalhos, estavam apoiando o comboio pelas sinistras e difíceis estradas.

A vegetação pouco a pouco se fazia mais viva, e o ar se tornava mais leve. Após longo percurso, avistaram ao longe imponente muralha cinza de grandes blocos de pedras, que rodeava o posto avançado e não permitia ver nada em seu interior. Havia um grande portão de resistente madeira e torres de sentinela em locais estratégicos.

Quando as sentinelas avistaram a comitiva que se aproximava, foi entoado um som semelhante ao de uma trombeta. Rapidamente, som equivalente foi produzido por um berrante de chifre, que um dos componentes da equipe do Caboclo Ubirajara trazia consigo. Era Zé do Laço, um caboclo boiadeiro com traços indígenas que trazia roupas de couro, uma grande espingarda e seu berrante feito de chifre de boi.

Ao ouvir o som de volta, o largo portão da muralha foi aberto e dezenas de socorristas saíram e partiram ao encontro das carroças. Uma pequena equipe de valentes índios também saiu para evitar possíveis ataques externos à fortaleza, que estava com os portões abertos. Estavam armados de arcos, flechas, bodoques, compridas lanças e tacapes. Obedientes cães do mato os acompanhavam e disciplinadamente mantinham certa distância, para aumentar o perímetro de cobertura, tudo a comando do chefe da segurança do posto, o Caboclo Tupi, que era o braço direito da comandante da fortaleza.

Nenhum imprevisto aconteceu e a caravana ingressou em paz à instituição. O interior da fortaleza possuía muitas construções em formato circular. Eram grandes ocas e ficavam perto dos perímetros da muralha, deixando o centro do posto avançado livre, formando um grande pátio central.

No pátio do posto avançado, uma triagem era feita sob a orientação de uma bela índia de nome Jurema, que dividia os recém-chegados. Ela ouvia informações de alguns trabalhadores e dava muitas ordens e orientações aos colaboradores. Todos que moravam e trabalhavam no pequeno posto estavam naquele momento envolvidos com o socorro, cuidando da segurança das instalações, transportando, acomodando os pacientes, preparando unguentos, caldos e aplicando passes.

Alguns ex-prisioneiros estavam muito debilitados, muitos deles mal conseguiam sair sozinhos das carroças. Eram todos colocados em finas esteiras de palha, para, após a triagem, receberem uma marcação de tinta vermelha, semelhante a urucum, e, por meio de sinais específicos de acordo com a gravidade, eram encaminhados para locais diferentes.

Enquanto os pacientes eram retirados das carroças, o imponente Caboclo Ubirajara se aproximou da bela Cabocla Jurema e disse:

— Talvez venha mais trabalho nos próximos dias. Equipes ficaram no campo realizando buscas em toda a região.

— Estou sabendo, irmão. Realizamos um planejamento para essa demanda. Vamos tentar atender da melhor forma. E como foi a viagem?

— A viagem foi serena — respondeu ele, e, após breve silêncio, continuou o bravo guerreiro de Oxosse educadamente: — Jovem Jurema, peço licença para me reunir com a tropa a fim de continuarmos nossa missão.

A Cabocla Jurema era a comandante da fortaleza Estrela Guia da Redenção, local estratégico para o atendimento dos irmãos sofredores oriundos do umbral e, junto com outros postos avançados, formava uma rede de apoio e influência da grande colônia espiritual, Aruanda.

Todos ali admiravam a forma segura e fraterna com que a jovem índia guiava a instituição havia muitos anos. Liderava pelo exemplo e cativava cada trabalhador a dar sempre o seu melhor. Muitos dos espíritos que formavam a mão de obra do posto, no passado, foram resgatados e atendidos naquele local. Quando tinham possibilidade, retribuíam com gratidão o serviço em favor do próximo.

Leandro recebeu o símbolo de uma seta curva e logo dois trabalhadores o colocaram numa padiola e o levaram ao local destinado. Na porta tinha o mesmo símbolo que fora pintado no rapaz. Ao ser acomodado, recebeu uma tigela feita com casca de coité. Nela havia um líquido que o jovem bebeu e já começou a se sentir melhor.

Dois dias depois, Pai Tomé e Pai Vidal apareceram no posto, onde foram recebidos como velhos amigos pela Cabocla Jurema, que perguntou aos dois senhores:

— O menino que vieram ver se chama Leandro, certo?

— Sim, minha filha. Qual a situação dele? — Pai Vidal perguntou curioso.

— O caso dele é um clássico caso de hipnose espiritual, potencializada pela mediunidade e pelos tóxicos viciantes que usou enquanto encarnado. Ao acordar no plano espiritual, foi feito de escravo como vingança de uma obsessora cármica.

E continuava dizendo a bela e respeitável índia que, enquanto explicava, levava os dois velhinhos para ver o paciente:

— Acredito que em breve seja necessário um tratamento em outro local, onde possa ter uma estrutura melhor, com mais recursos. Aqui fazemos o melhor possível, mas os senhores sabem que a seara é grande e os trabalhadores são poucos.

Os dois pretos velhos responderam quase ao mesmo tempo:

— Sim. Assim que estiver pronto e em condições, nós o levaremos.

Ao entrarem na oca em que Leandro estava, logo na porta, um defumador queimava ervas secas que funcionavam como harmonizador do ambiente, levando paz e calmaria a todos. Alguns pacientes estavam em confortáveis esteiras e outros em redes suspensas. Tudo extremamente organizado e limpo. O ambiente era meticulosamente padronizado.

Perto da rede onde Leandro estava deitado, outro objeto, que lembrava um defumador pequeno, liberava uma fumacinha esverdeada que entrava direto em contato com o rapaz. Era um tratamento específico para ele, que amenizava os efeitos da abstinência e diminuía as dores físicas, promovendo também um refazimento do equilíbrio energético.

Olhando para o rapaz, que se mostrou surpreso ao ver os dois velhinhos, Pai Tomé falou:

— Eu não disse que voltaria, meu filho?

Os três conversaram por quase uma hora. Leandro pôde discorrer sobre o que passou e isso lhe trouxe grande bem-estar.

Combinaram com a dirigente da instituição que em poucos dias iriam pedir a transferência do rapaz para um hospital em Aruanda.

Alguns dias depois, já acomodado em seu novo leito, agora num dos hospitais que a grande cidade espiritual possuía, Leandro ouviu de Pai Vidal, enquanto Pai Tomé estava ao seu lado e um menino enfermeiro fazia algumas medicações:

— Você está muito fraco. Vai ficar aqui um tempo até conseguir se recuperar totalmente. Esses últimos tempos nas engrenagens o debilitaram muito. Fique tranquilo. Agora você está em boas mãos e a sua recuperação depende muito da sua vontade em melhorar.

Após dizer isso, o velhinho colocou uma mão no ombro do enfermeirozinho e sorriram.

Pai Tomé e Pai Vidal despediram-se de Leandro e do enfermeiro, e saíram do leito conversando, sem que o rapaz ouvisse.

Pai Tomé perguntou:

— Alguma novidade sobre Ana?

— Ainda nada — Pai Vidal respondeu. — Ela conseguiu fugir, mas logo, logo teremos notícias. As buscas na região prosseguem. Quem guarda tanto rancor, por tanto tempo assim, não vai deixar barato e vai tentar alguma coisa desesperada. Além do que, já está mais do que na hora dela abrir os olhos para as verdades da vida e parar de rebeldia.

— Sim, vamos esperar. As coisas já, já se ajeitam. Tenho fé que não demorará muito e tudo ficará bem — concordou Pai Tomé.

As semanas foram passando e o tratamento começou a fazer efeito. Leandro estava melhor a cada dia, cada vez mais consciente de si e sem a necessidade de remédios. Já controlava bem os efeitos químicos da abstinência, dava voltas pelo corredor do hospital e conversava por muitas horas diárias com seu enfermeiro, que muito lhe ensinava.

Certa vez, o enfermeiro disse:

— Tiozinho, o senhor usou aquela porcaria por muito tempo. Ela saturou seu corpo físico, viciando também a mente e desequilibrando seu perispírito. Mas, mesmo sendo grave, o senhor está indo bem. Em alguns casos, pessoas como o senhor afundam rapidamente. Outros vão definhando com o passar dos anos e infelizmente isso tem sido cada vez mais comum. Vemos todos os dias milhares de pessoas retornando ao plano espiritual completamente dependentes de substâncias químicas que aprisionam a mente e o corpo. Muitos irmãos ficam por anos, décadas e até séculos vagando pelas cidades do plano físico, buscando, através da prática do vampirismo, saciar suas vontades pelas sensações. São verdadeiros escravos dos tóxicos.

— Mas e o umbral? Fui para lá de castigo? — o rapaz perguntou curioso.

E o gentil menininho enfermeiro, que aparentava ter uns oito anos e era muito dedicado, explicou:

— Muita gente pensa que o umbral é um lugar para castigo, mas não é. Não existe castigo. Ninguém mandou para lá as pessoas que se encontram naquelas regiões. É um processo de sintonia. As mentes se atraem por afinidade. A mente sempre cria a nossa realidade. O que se vê nas regiões umbralinas são reflexos dos pensamentos das pessoas que estão lá. Culpa, frustração, rancor, vaidade. São pensamentos e emoções desequilibrados e doentios.

"Quando desenvolvem a vontade de mudar, quando abrem o coração para sentimentos mais leves, mais saudáveis, a sintonia mental muda. Às vezes, o espírito não está nem tão convicto sobre a necessidade de mudar. Na maioria das vezes, ainda emana pensamentos desequilibrados, mas apenas uma portinha que já abre para o bem é o suficiente para os bons espíritos se aproximarem. Se não fosse a misericórdia das leis divinas que buscam sempre o reequilíbrio e as possibilidades de restauração por intermédio do amor, estaríamos todos em maus lençóis."

Após pequena pausa, ele prosseguiu e Leandro continuava a ouvir com muita atenção:

— O umbral é um lugar santo e funciona como um filtro que ajuda a mente a decantar as impurezas, facilitando o reequilíbrio mais rápido das pessoas e das nossas energias do perispírito. As pessoas vão para lá por necessidade de equilíbrio e por afinidade e permanecem apenas pelo tempo necessário. O senhor ficou dormindo por muitos anos. Isso foi ótimo, dadas as circunstâncias do desencarne violento, a situação da completa dependência química e a grave obsessão. Era a sua consciência que se preparava para os enfrentamentos que se seguiriam. Tudo para preservar a sanidade mental do tio, diminuir as necessidades fisioespirituais dos vícios. Funcionou até como proteção das possíveis maldades dos perseguidores, que não conseguiriam localizá-lo tão facilmente. A lei de Zambi é perfeita e tudo sempre tende para o equilíbrio, tio.

Após outra pausa, continuou o menino, que era chamado carinhosamente de Pedrinho, a falar com alegria para seu novo amigo:

— Logo, logo o senhor vai estar bom. Vai começar a compreender as coisas. Vai descobrir um novo mundo de possibilidades.

Leandro estava encantado com tamanha sabedoria. E, um pouco intrigado, pensava: "Como uma criança pode saber tanto?".

O jovem espírito, com sua elevada capacidade de percepção, entendeu a dúvida do paciente e explicou:

— Tio, o pensamento é forma viva. Como eu disse, o pensamento cria a realidade aqui no plano espiritual. Nossas afinidades, nossas aptidões, nossos estados mentais, tudo isso influencia na forma como vamos moldar o nosso perispírito. Essa forma infantil que você vê é uma roupagem fluídica em que me sinto bem. Desencarnei na última existência terrestre ainda na infância, vítima de febre amarela. Mesmo após recobrar grande parte da bagagem espiritual que possuo, continuo com essa forma, pois me sinto bem assim.

Ele fez uma breve pausa e sorriu ao prosseguir:

— Há irmãos que moldam as suas roupagens fluídicas para cumprir determinadas tarefas no plano físico, muitas vezes moldam suas imagens de acordo com as crenças religiosas dos encarnados. A maioria se apresenta com a aparência que teve em encarnações que para eles foram importantes em sua trajetória, ou com a forma que tiveram em suas últimas existências. Não há regras. É uma questão de sintonia e vontade. Os irmãos que ainda carregam grandes cargas de culpa, os que ainda são portadores das torturantes enfermidades da alma, não conseguem, na maioria das vezes, realizar esses processos e expõem, em suas aparências espirituais, todo o sofrimento que carregam.

A conversa entre ambos fluía de forma prazerosa e Leandro aprendia muito com o sábio Pedrinho.

18

ENCONTROS

Em uma bela manhã, Pai Vidal estava caminhando junto a Leandro por um dos belíssimos jardins de Aruanda. O rapaz aparentava gozar de boa saúde. O brilho de seu olhar indicava que estava pronto para alguns encontros.

Os dois caminhavam tranquilamente naquele dia de sol, conversando sobre vários assuntos. Pai Vidal estava de sandálias de couro cru marrom, calça branca, curta na canela, e camisa branca de botões, dobrada no braço. O jovem Leandro já não usava o uniforme peculiar dos pacientes em tratamento hospitalar de seu pavilhão e sim uma camisa de meia-manga de malha branca e uma calça branca, estando descalço enquanto andavam pelos gramados da lindíssima região espiritual.

Quem visse a forma como se olhavam e a naturalidade da conversa, diria que eram amigos de longa data. Até mesmo de outras vidas.

— Pai, por que você fez isso tudo por mim? Nesses últimos tempos tenho pensado bastante e agora, com calma, nesse lugar de harmonia, minhas ideias estão claras e eu consigo perceber que, desde encarnado, a sua presença tentava me guiar pelo bom caminho — disse Leandro ao Pai Velho.

Andando mais um pouco, pararam em frente a um grandioso chafariz e observavam a bela cena de crianças brincando com cães, num vasto gramado, na proximidade de uma linda mata. Pessoas conversando, outras estudando em grupos, aves de beleza rara nas árvores...

Leandro, contemplando a bela paisagem, continuou de forma muito pensada:

— Quando me esforço, lembro-me de sua figura, não só nos dias que antecederam as minhas quedas, mas me recordo, por exemplo, de você me visitando antes de dormir, quando eu ainda era criança. Tenho certeza de que você consegue se recordar de coisas do passado que eu não consigo.

— É, meu filho, você tem razão. Nós nos conhecemos há muito mais tempo do que você se recorda. Tudo que fiz e que faço é por amor. Amor que nasceu em outros tempos, muito antes de eu ter sido cativo na última encarnação. E esse sentimento por você só fez crescer.

Leandro sentiu-se emocionado ao ouvir aquelas sinceras palavras, que o tocaram de um modo muito especial. O jovem, com muita vontade de saber que tempos eram aqueles de que não se recordava, disse:

— Como o senhor consegue se lembrar disso tudo? Eu não consigo me lembrar de nenhuma outra vida minha, a não ser a última. Hoje eu já sei que vivemos várias e várias encarnações, e sempre colhemos tudo de bom e de ruim que plantamos nelas. Mais cedo ou mais tarde, a conta boa ou ruim sempre chega.

— Filho, é porque você ainda tem muita coisa pendente da sua última experiência no plano físico — explicou o preto velho. — Por enquanto não consegue olhar para essas histórias com um olhar de entendimento. Você perdeu grandes oportunidades. Errou quando levou uma vida inteira de brincadeira. Desperdiçou a oportunidade de ser um bom médico e ajudar um monte de gente por esse mundo de tanta dor. Desperdiçou a oportunidade de desenvolver a sua mediunidade e usá-la a serviço do bem. Mas agora tudo isso é passado. Você precisa olhar para isso com senso de autoperdão e entendimento. E, o mais importante, trabalhar para fazer diferente, fazer o melhor que puder a partir de agora.

O jovem baixou a cabeça e falou com um tom um pouco melancólico:

— Sei que falhei muito. Errei quando experimentei aquela porcaria de maconha, depois busquei mais para completar o meu vazio moral e fui para a cocaína. Errei quando não respeitei a mulher que amava e ainda a abandonei grávida do meu filho.

Ao terminar, chorou copiosamente abraçado ao velhinho, que, muito calmo, disse:

— Todo mundo erra, filho. Quem não errou que atire a primeira pedra. Eu mesmo já fiz muita besteira. O que tá feito, tá feito. Agora vamos trabalhar para consertar tudo isso. Vem que o velho vai lhe ajudar.

E a dupla andou mais um pouco pelos jardins, conversando sobre as leis de causa e efeito, merecimento, provas e expiações... Em seguida, o Pai Velho levou Leandro para uma sala-dormitório simples que ficava num outro setor do hospital. Esse local era destinado aos espíritos que estavam perto do recebimento de alta médica.

Alguns dias depois, Pai Vidal e Pai Tomé apareceram no quarto onde Leandro descansava. O rapaz estava acordado e lendo um romance com grandes lições espirituais, quando aquelas duas entidades de luz entraram e, com muita alegria, informaram:

— Filho, hoje você terá um encontro muito especial com alguém que muito ama e que muito lhe ama também.

O rapaz explodiu de alegria e ansiedade, saltando da cama e perguntando quem era essa pessoa.

— Você já possui equilíbrio necessário e entendimento para isso — disse Pai Tomé, que foi seguido por Pai Vidal:

— Lembra o que conversamos outro dia sobre merecimento?

— Venha conosco — disse Pai Tomé .

E os três saíram do hospital com instruções importantes sobre o encontro.

Em determinado momento, os dois velhinhos, cada um de um lado, seguraram o rapaz e foram volitando até a cidade onde ele tinha morado em sua última encarnação.

Entraram numa belíssima residência em um bairro nobre. O silêncio era total. A ansiedade saltava pelos olhos de Leandro, que queria saber de quem era aquela casa. Ele tentava achar uma fotografia ou algo que desse alguma pista pela luxuosa mobília, mas nada. Algo lhe dizia que os próximos momentos seriam de grande emoção.

Pai Vidal e Leandro ficaram na sala enquanto Pai Tomé disse com felicidade no tom de voz:

— Aguardem aqui que já vou trazê-la, é rápido.

O senhorzinho foi por um corredor e entrou em um quarto. Poucos minutos depois, ouviu-se uma conversa que logo acabou e o silêncio voltou a reinar.

— Mãe! Minha mãe!

Soldados da Luz - Uma jornada de amor com a Umbanda

Essa frase foi gritada com muita emoção e saudade, pondo fim ao silêncio. Dona Isabela, ao ver o filho bem, depois de tantos anos, não conseguiu emitir nenhum som. Ficou muda e caiu em lágrimas. O rapaz saiu correndo e, num movimento brusco, agarrou a mãe pela cintura, caiu de joelhos e chorou copiosamente, pedindo perdão por todo o descaso e por toda a dor que causara a ela.

— Eu deveria ter lhe escutado. Você não merecia tudo que eu a fiz passar. Ah, mãe... Como errei e sofri, mas agora eu quero fazer diferente.

Dona Isabela não conseguia dizer quase nada. Só chorava e afagava os cabelos do filho, sentindo neles o cheiro que nunca havia esquecido. Imensa emoção pairava no ar e, após alguns momentos de comoção, dona Isabela respirou fundo e disse aliviada:

— Graças a Deus! Graças a Deus! Graças a Deus! Eu sabia que esse dia iria chegar. Como você está, meu filho? — A mãe se distanciou um pouco de Leandro para olhar cada parte do corpo dele.

— Ah, mãe, agora estou muito bem! Só tenho a agradecer ao Pai Vidal e ao Pai Tomé, que são verdadeiros anjos da guarda.

— Ah, meu filho, que bom! Senti tanta saudade que já não cabia mais dentro de mim. Eu sabia que esse dia chegaria. Eu sabia que iria abraçá-lo novamente. Sou a pessoa mais feliz do mundo — dizia a amorosa mãe, que chorava de alegria, enquanto abraçava e beijava o filho.

Os dois velhinhos, no canto da sala, olhavam aquela cena e também choravam de profunda ternura ao ver as duas almas que muito se amavam se reencontrando depois de tantos anos de saudade.

Após algum tempo, um pouco preocupado, Leandro perguntou:

— E meu pai, como está?

— Ah, meu filho, depois de sua saída de casa, seu pai mergulhou ainda mais no trabalho. Quando soubemos de sua morte, ele passou a afogar toda a dor no trabalho — ela respondeu. — Ele é um homem muito bom, mas é materialista convicto. Tenta preencher com o trabalho o vazio que sente. Sempre peço ao Pai Tomé e ao Gira Mundo por ele. Para que possa se abrir para a espiritualidade, que consiga ver as coisas boas que continuam existindo no mundo. Vocês dois, meu menino e meu marido, estão em todas as minhas orações.

Após uma pausa para acalmar a emoção, ela prosseguiu:

— Quem sou eu para apontar o dedo para o seu pai, não é? Cada um reage de uma forma aos sofrimentos que a vida nos impõe. Também errei muito, meu filho. Já me culpei bastante, mas, depois que conheci a Umbanda, minha vida mudou completamente. Estou mais leve. Aprendi que a vida não termina com a morte, que o amor nunca se acaba. Que um dia iremos todos nos encontrar, afinal, você está aqui na minha frente. A Umbanda me ensinou o que realmente importa na vida. Hoje, eu olho para tudo com mais entendimento. Tenho muito a melhorar, mas pelo menos acho que estou no caminho certo. Só tenho a agradecer por este momento em que estou tão feliz quanto no dia em que o vi pela primeira vez.

Após mais de uma hora de conversa, Pai Tomé disse abraçando os dois, com um largo sorriso estampado no rosto:

— Meus filhos, louvado seja Pai Oxalá por este momento de comunhão com o amor! A vida é estrada sem fim na busca da paz. O Cristo e os Orixás cultivam em nossos corações, silenciosamente, o Reino dos Céus. Hoje nós quatro, aqui nesta sala, somos bem-aventurados filhos de Deus por conhecermos o amor!

Após mais alguns abraços e juras de amor, Pai Vidal emitiu sentida prece de gratidão aos céus e emocionou a todos.

Dona Isabela, antes de retornar para seus aposentos para em poucas horas acordar do sono físico, perguntou aos guias de luz:

— Ao acordar, vou me lembrar deste momento de profunda felicidade?

— Você guardará no coração a maravilhosa sensação do ocorrido. Ao acordar, vai se lembrar de trechos das imagens, que lhe darão a certeza de que tudo isso foi realidade. Isso será suficiente para aquecer o seu coração de mãe. Fique em paz, minha filha. Até sexta!

— Bênção, meus velhos — disse ela para aqueles velhinhos iluminados. E, olhando para Leandro com imensa ternura, exclamou: — Ah, meu filho, eu o amo tanto!

Após essa despedida, Pai Vidal levou a emocionada mãe para o quarto e as três entidades retornaram para a colônia espiritual, com a alegria que só um encontro de almas que muito se amam pode promover.

19

OLHANDO PARA O PASSADO

Leandro estava maravilhado. Sentia-se completamente vivo de novo. Enchia os dois velhinhos de perguntas, querendo saber sobre a capacidade de volitação, roupagem fluídica e tantas outras novidades.

Tudo estava indo muito bem, mas uma coisa ainda lhe tirava a paz, e, quando o rapaz se recordava disso, sua fisionomia mudava instantaneamente, tornando-o sério e introspectivo. "O que aconteceu com a Rafaela? Onde estará aquela que é o grande amor de minha juventude? E nosso filho ou filha? Por que ninguém toca neste assunto?", perguntava-se com gravidade.

O rapaz já estava se envolvendo com pequenas atividades de auxílio. Executava ações de limpeza no hospital, acompanhava os enfermeiros em algumas atividades de assistência, sempre sob o olhar de supervisores. Quando não estava ajudando nessas atividades, frequentava as aulas de introdução à vida espiritual.

Leandro estava hospedado na ala para pacientes que se encontravam próximos da liberação. Todos os pacientes e trabalhadores gostavam daquele rapaz que tinha sempre uma boa piada para contar, arrancando gargalhadas de todos.

Em uma das visitas que Pai Vidal fazia a ele semanalmente, o rapaz tomou coragem e perguntou sobre Rafaela:

— Pai, o senhor sabe alguma coisa sobre Rafaela? Onde ela está? Por que Ana fez tanto mal para mim e para ela?

O velho, com olhar muito profundo e como quem quisesse ouvir da boca do próprio rapaz a certeza de sua maturidade, respondeu:

— Fale mais sobre isso, meu filho. Faça a pergunta certa. Mostre-me que já está pronto para se recordar do passado.

Leandro entendeu o que o Pai Velho queria dizer e, cauteloso, prosseguiu:

— Tenho pensado todos os dias, nesses quase dois anos, no que fiz com a minha última encarnação. Tenho relembrado dos meus dias na Terra e, durante os serviços de cooperação, minha mente voa longe e penso muito no modo irresponsável como vivia. Não posso colocar toda a culpa em Ana, sabe-se lá onde ela esteja. Mesmo tendo me estimulado a fazer tudo que fiz e de ter me colocado nas engrenagens, onde sofri horrores, depois de me usar, sinto que de alguma forma eu permiti tudo. Fui imprudente com a minha vida. Compreendo que fiz as minhas escolhas e que sou o verdadeiro responsável pela minha queda.

Pai Vidal ouvia aquelas palavras com toda a atenção do mundo. Parecia que os olhos do preto velho podiam ver dentro do espírito do jovem, que continuava a falar:

— Reconheço que fui fraco. Cabeça fraca. Não sei como, mas a voz de Ana era irresistível. Não quero tirar a minha responsabilidade das próprias escolhas, mas como um espírito poderia me induzir a usar drogas ou a roubar? Por que me deixei influenciar tanto por ela? Não faz muito sentido para mim. O senhor também tentava se comunicar comigo, mas eu não atendia. Já os apelos da Ana... Queria entender melhor tudo isso. E, principalmente, queria poder encontrar Rafaela. Tenho muito a dizer a ela. Preciso encontrar o espírito que seria meu filho ou filha. Preciso pedir perdão aos dois por tudo que fiz e pelo que deixei de fazer. Sinto alguma coisa dentro de mim dizendo que preciso agir.

O Pai Velho, que o olhava o tempo todo, ouvindo-o dizer aquelas sentidas palavras, observou calmamente:

— Você está pronto, meu jovem. Venha comigo.

Pai Vidal pediu que Leandro o acompanhasse. Atravessaram vários pátios e jardins de Aruanda, seguindo para um local distante da grande cidade espiritual. Leandro não entendia o que significava a frase "você está pronto", mas o preto velho, que conseguia ouvir os pensamentos do jovem, por uma ou duas vezes durante o percurso, disse para ele ter paciência.

— Leandro, vamos começar a desatar esses nós.

Após dizer essas palavras, entraram num prédio, que também era uma espécie de hospital. Percorreram largos e modernos corredores, e em um dos muitos quartos, ao abrirem a porta, para surpresa de Leandro, lá estava Ana.

Bela como sempre, pele negra como a noite, o mesmo olhar profundo, lindos cabelos trançados... Enfim, elegante como sempre. O jovem observou algo diferente: ela não trazia mais a acidez no olhar nem o sarcasmo nos lábios. As roupas também não eram as mesmas e não havia a pesada maquiagem. "Aconteceu alguma coisa", pensou o rapaz, um pouco impactado com aquela imagem.

Pai Vidal, vendo que ele estava empacado à porta, falou de forma paciente:

— Anda, filho, entre no quarto!

Ao entrarem, Ana, que também estava um pouco surpresa com aquele encontro imprevisto, sentou-se na cama e ficou muda. Nos olhos era possível ver o brilho de algumas lágrimas que não caíram. O mesmo fenômeno, inexplicavelmente, acontecia com Leandro, que deixava pesadas lágrimas aflorarem.

Pai Vidal, agora em tom grave e sério, sem o sorriso que lhe era peculiar, mas ainda assim muito sereno, olhou para os dois espíritos, que estavam sentados de frente um para o outro. Em pé no meio deles, de forma pausada e firme, disse:

— Ana e Thomas, vocês têm muito a conversar.

Ao ouvir esses nomes, a inflexão da voz do iluminado guia desbloqueou uma série de informações adormecidas no inconsciente espiritual de Leandro, que via verdadeiro filme em sua mente.

A voz segura e grave de Pai Vidal narrava os fatos, e os dois espíritos irresistivelmente eram transportados para o cenário que se formava em suas telas mentais.

— Nossas histórias se cruzam há muitos séculos, antes mesmo de serem Thomas, Ana, e eu, Vidal. Vamos, por ora, retornar a uma vida ainda mais anterior. Nessa existência, aqui mesmo neste país, eu era grande médico e fiz péssimo uso da medicina. Nascido em nobre família, sempre com todas as possibilidades materiais, fiz da medicina uma ferramenta para os meus gozos materiais. Não atendia aqueles que não pudessem me pagar muito bem e, quando percebia o desespero dos familiares, eu cobrava muito mais caro, na certeza do recebimento.

"Eu tinha dois filhos homens e uma mulher, frutos de estável casamento com espírito amoroso que há muito me acompanha. O mais velho é hoje conhecido por vocês como doutor Luiz, e você, Leandro, era o caçula; dona Isabela era a do meio. Portanto, nessa encarnação, eu era seu pai, além de também ser genitor de seus pais carnais da última existência.

"Obtendo grande vantagem material com a medicina, estimulei meus dois filhos homens a ingressarem na mesma profissão e, com meu péssimo exemplo, sempre buscando recompensas materiais e ganhos maiores, tentei influenciá-los com meus passos de má ética.

"Os dois filhos homens seguiram meus conselhos na hora de escolherem a profissão. O mais velho, que hoje vocês conhecem como o grande médico doutor Luiz, já era muito sério e tornou-se um grande profissional. Dizia sempre que construiria muito mais do que eu e, o mais importante, sem roubar ou abusar de ninguém. Afundou-se em plantões sem fim e estava sempre estudando, tudo com o objetivo de mostrar que era melhor do que eu.

"Já você, Leandro, pensava como eu e sempre queria o caminho mais fácil. Queria atender às famílias que tivessem como lhe retribuir muito bem e, se possível, com pouco esforço. Certa vez, uma família nobre e rica o buscou para tratar de um caso aparentemente sério de saúde. Ana era a pessoa que buscou o seu auxílio, e quem precisava de ajuda era o filho único dela, o xodó de seu marido. Esse filho tinha o nome de Flávio. Ana era casada com um homem de nome Eduardo, e vocês conhecem esse espírito, que atualmente está encarnado como Rafaela. O casamento de Eduardo e Ana era pautado em certa agressividade velada. Não tinham uma relação muito amistosa, pois se casaram apenas por interesses políticos familiares.

"Ao chegar à casa abastada da rica família e avaliar o estado de saúde do pequeno Flávio, você percebeu que era grave, mas contornável com tratamento. Com seu jeito astuto, você simulou uma série de compromissos e impeditivos para não tratar do caso. Sabia que naquela região os únicos médicos eram seu pai, que já estava velho, e seu irmão, que havia ido para a guerra, servir como médico nos campos de batalha, para obter boas diárias e ainda mais status. Dessa forma, só restava você, que se fazia de difícil.

"A família caiu em seu maquiavélico plano. Após supostamente desmarcar seus compromissos para poder atender o filho de Eduardo, mediante alto valor, você trataria de Flávio, que hoje está encarnado com o nome de Larissa. O longo e caro tratamento tinha outros objetivos, além da cura do menino e da obtenção de grande lucro.

"Ana era uma linda mulher. Possuía um magnetismo pessoal que a todos encantava, tornando seus lindos traços portugueses ainda mais belos. Leandro aproveitou que o casamento entre Eduardo e Ana não era feliz. Usou a fragilidade que a doença de Flávio causava na mãe e conseguiu, em longas e constantes visitas, seduzir a jovem Ana, que se entregou a ele.

"Flávio já tinha certa compreensão das coisas. Apesar da pouca idade, contou tudo ao pai e o ciumento senhor Eduardo investigou e descobriu que os amantes inclusive teriam um filho. Sim, Ana estava grávida do médico aproveitador. Sua esposa o traíra e planejava inventar que a criança era dele. Esse foi um golpe duro demais para ser suportado.

"Confiando nos relatos do filho, e sem que o menino soubesse a extensão de seus planos, Eduardo colocou dose mortal de raro veneno no vinho dos amantes. Leandro morreu algumas horas após a ingestão. Ana sofreu um aborto do filho em gestação, a quem chamaremos de João para facilitar o entendimento. Após a perda do bebê, ainda com os efeitos do veneno e do aborto provocado, passou quase vinte anos definhando na cama, vindo a falecer depois de muito sofrimento.

"Durante todo esse tempo e após o desencarne, Ana nutriu um ódio profundo por aquele que, para ela, era um aproveitador, um abusador que a usara e a induzira à traição. Ana também possuía profundo sentimento de ódio pelo marido vingativo que, além de matar o filho que ela carregava no ventre, colocou-a em trágica situação por muitos anos, culminando em sua morte. O único que foi perdoado e por quem Ana não guardou nenhum tipo de ressentimento foi o filho Flávio."

Todos estavam profundamente emocionados com a história que tinham acabado de ouvir. Sem uma pausa muito prolongada e sem mudar o tom de voz, Pai Vidal deu sequência à narrativa.

20

REPETINDO ERROS

— Em uma encarnação seguinte, todos nós estávamos juntos novamente, para que o equilíbrio se refizesse por meio do amor, do perdão e do entendimento — disse o preto velho. — O objetivo dessa provação coletiva era quebrar padrões viciosos e desenvolver a humanidade nos corações.

"Nessa vida, fui batizado como Vidal, nome que até hoje gosto de usar em gratidão a tudo que aprendi nessa luminosa oportunidade de redenção. Minha mãe era nascida em cativeiro e, ao nascer, eu também fui escravizado. Com ela, aprendi a arte de curar. Dessa vez, sem outros objetivos a não ser aliviar a dor dos outros. Minha genitora levava muito a sério os conhecimentos da natureza e era rigorosa em seu uso. O espírito que era minha mãe tinha sido meu filho mais velho na última encarnação e, como já expliquei, é hoje o doutor Luiz, seu pai, Leandro.

"Com minha mãe, aprendi os segredos da medicina das ervas e pratiquei o aprendizado com todo o meu coração. Naquela encarnação, aprendi a servir aos outros, a ter humildade, a não reclamar, e várias outras coisas que, com muita dor, me fizeram olhar o que realmente importa na vida.

"O dono da fazenda era um rapaz bonito, gostava muito de farra e se engraçava com todos os rabos de saia que via passar. Apesar de ser casado e gostar da esposa, não era fiel. Para facilitar a compreensão, vamos chamá-lo de sinhô Thomas, que foi você, Leandro. Sua esposa, a sinhá, era mais nova e insegura. Não gostava do jeito descontraído do marido. Eram recém-casados, um casamento que se deu por questões políticas, numa união entre duas grandes famílias. A sinhá, com o tempo, passou a amar o marido, mas era mulher muito ciumenta. O nome dela era Manuella e na atual encarnação tem o nome de Rafaela.

"A sinhá, que já era muito desconfiada, poucos meses após ir morar na fazenda do marido, começou a observar que o negrinho João tinha traços físicos diferentes dos outros negros da fazenda e era muito agarrado com o marido dela. O menino estava sempre de bom humor e todos o adoravam, pois, por onde passava, irradiava alegria. O marido também gostava muito do menino e tinha com ele uma relação diferente da que tinha com os outros escravos. Os dois iam pescar juntos e, quando o sinhô Thomas saía para cavalgar, levava o garotinho. O menino, por vezes, ficava dentro da casa-grande; sinhá Manuella começou a desconfiar daquilo e passou a observar, a perguntar aqui e ali.

"João era filho da escrava Ana, uma mulher de beleza estonteante. Após algum tempo de investigação, descobriu que o rapazinho era filho bastardo de seu marido, que havia seduzido e engravidado a escrava. Depois dessa descoberta, ela resolveu tirar mãe e filho de seu caminho.

"A sinhá Manuella, repetindo terrível sina de outros tempos e com interesses macabros, começou a se aproximar do adorável João, que, por ser muito inocente, nada percebia. E foi assim que, num ato terrível, sem que Thomas soubesse de nada, ela envenenou mãe e filho, que morreram horas depois da ingestão do alimento letal.

"A escrava morreu com muita raiva e não conseguia encontrar o filho no mundo espiritual. Jurou vingança com todas as suas forças contra a sinhá que os matou cruelmente, e contra o sinhô, que a seduziu, engravidou, enganou com promessas falsas e que nada fez para protegê-la e ao próprio filho.

"Ana guardou muita raiva deles e conseguiu, junto a espíritos trevosos, que conheciam profundamente a mente humana e os gatilhos mentais, desbloquear antigas memórias, reconhecendo na malvada sinhá Manuella o marido ciumento do passado e no sinhô Thomas o mesmo médico que a seduzira, enganara e engravidara em outra reencarnação.

"Thomas ficou arrasado quando soube pela esposa que o menino João, de quem ele muito gostava, havia ingerido uma forte dose de veneno por acidente. O senhor da fazenda, que já gostava bastante de bebida alcoólica, foi bebendo cada vez mais e mais, buscando no álcool o refresco para as tristezas.

"Manuella, que não podia ter filhos devido a uma limitação orgânica, oriunda de desequilíbrios gerados em outras encarnações, começou a acreditar que de alguma forma isso poderia ser uma vingança de Deus em retaliação ao ato dela contra o pequeno João e sua mãe. Terríveis pesadelos a assolavam. Crises nervosas e problemas de saúde eram constantes.

"Ana, sem conseguir ver o filho, o que aumentava ainda mais o seu desespero e o seu ódio por aqueles dois espíritos, atacou-lhes a vitalidade. Todas as formas de obsessão que conseguia empregar foram usadas com muita força por ela e seus novos amigos, que vendiam esses serviços de vingança.

"Manuella e Thomas, que nunca conseguiram ter filhos, a cada revés, a cada dificuldade que enfrentavam juntos, mais se apegavam um ao outro e, no término da existência, se amavam de forma verdadeira.

"Após o desencarne deles, por proteção e sabedoria da espiritualidade superior, Ana não conseguiu colocar as mãos sobre eles, como desejava, e foi se dedicar ao desenvolvimento de sua carreira na instituição Natureza Humana, à qual se filiou, sabendo que um dia encontraria os adversários que a fizeram perder novamente o grande amor de sua vida, após o segundo assassinato de seu filho, o menino João.

"Ao descobrir que aqueles espíritos estariam juntos mais uma vez, reencontrando-se pela terceira vez, agora em um relacionamento pautado no amor sincero, Ana não deixou barato e buscou o apoio dos técnicos das trevas — grupo do qual ela também fazia parte — para se vingar de seus inimigos. Ela acreditava que a vingança iria atenuar as dores de ter sido enganada, assassinada e, principalmente, de ter perdido o filho, que sempre buscou e nunca conseguiu encontrar."

E o preto velho, olhando candidamente para os dois, finalizou:

— Bem, o que aconteceu a seguir, vocês já sabem muito bem...

21

A MAGIA DO AMOR

Naquele ambiente, que mergulhou em pesado silêncio depois da narrativa de Pai Vidal, todos estavam profundamente emocionados. Pai Tomé apareceu naquele momento e, sabendo que as revelações e a contemplação do passado já tinham sido iniciadas, disse de modo calmo e paternal, olhando para os dois espíritos que agora deixavam dolorosas lágrimas lhes banhar os rostos:

— Leandro e Ana, como estão se sentindo?

O rapaz não conseguiu falar nada e, bastante constrangido, fez um aceno com a cabeça de que estava mais ou menos.

Ana estava mergulhada em um remorso desconcertante, mas ainda se perguntava por que não tinha notícias do filho. As lembranças do passado fizeram com que se sentisse de certa forma fragilizada.

Pai Tomé, que assistia a tudo, quebrou o silêncio dizendo que o amor encobre uma multidão de erros e que Zambi não dava ponto sem nó. Pediu aos dois que tivessem paciência e fé em dias melhores, e concluiu a sua fala olhando para Pai Vidal:

— Meu velho, tá na hora de botarmos os pingos nos "is" de uma vez por todas. Chega de sofrimento.

— Você está certo, meu amigo, vamos em frente — concordou Pai Vidal com o seu característico sorriso.

Ana e Leandro se entreolharam e pressentiram que os amorosos pretos velhos tinham algo importante a esclarecer.

Pai Vidal olhou para Ana e disse:

— Filha, nessa última encarnação, você não estava junto dos dois para evitar que, de alguma forma, voltassem a repetir os padrões atrasados e primitivos de vingança que há muito tempo os três vêm repetindo.

E Tomé complementou a fala de seu grande amigo dizendo:

— Nós, por dezenas de encarnações seguidas, repetimos os mesmos erros, com as mesmas pessoas. A maioria de nós busca a todo instante a sua zona de conforto. Aquilo que já conhecemos. E isso quase sempre significa repetir padrões antigos. A zona de conforto pode até ser um local ruim, de dor e sofrimento, mas é um ruim conhecido. Vemos isso diariamente. Irmãos que praticam hábitos ruins, que têm condutas que causam sofrimento para eles e para outros, mas que não possuem coragem para mudar, humildade para reconhecer equívocos e força de vontade para fazer diferente.

Pai Vidal, após ouvir essas palavras, falou:

— Ana, desde que você foi traída pelos seus antigos comparsas, durante as buscas nos vales, nós temos conversado muito e vejo grande mudança em seus pensamentos, apesar de tão pouco tempo. Acredito que, além de mérito próprio, as conversas que tem tido no tratamento com a Vovó Joana têm lhe feito muito bem e acredito que você esteja pronta. Assim como o Leandro também está.

Após essas palavras, as quatro entidades saíram de onde estavam e começaram a se dirigir para a crosta terrestre. Chegando à cidade, já era noite alta e foram em direção ao hospital de alto padrão no qual Rafaela estava internada.

Antes, Ana não conseguia entrar naquele local, por algum impedimento que ela desconhecia. Por isso tinha que empregar gênios do crime para atacarem a sua vítima e o filho de seus rivais. Em troca, ela prestava, com suas habilidades, serviços para a Natureza Humana. Agora, desarmada de intenções menos nobres e com a ajuda dos luminosos soldados da luz, ela também conseguiu entrar e ir até o leito de Rafaela.

Entristecido, Leandro observou a dolorosa cena. O corpo de Rafaela inerte sendo monitorado por aparelhos médicos nem de longe lembrava a sua namorada. Um fio de prata finíssimo ligava aquele corpo ao seu espírito, que nada dizia, não conseguindo perceber nada à sua volta. Somente segurava uma massa plasmática em forma de feto e perdia-se em si mesma, com ideias fixas.

Ao seu lado, mal acomodados em um sofazinho, os pais da enferma cochilavam. Especialmente naquela noite, os dois, que se revezavam na vigília, resolveram ficar juntos ali. Durante os catorze anos de internação, sempre tinha pelo menos um deles ao lado da filha.

Pai Vidal, com sua grandiosa capacidade mental e sabendo da seriedade e da gravidade daquele momento para aquelas almas, que se digladiavam havia séculos em enganos e ignorantes atos, acionou mentalmente, com a ajuda de Pai Tomé, diversos guias da corrente de Umbanda, para que juntos, num esforço fraterno, pudessem libertar aquelas almas dos grilhões de ódio que as aprisionavam como escravos do rancor, da vingança e das ilusões da matéria.

Em poucos momentos, o quarto recebeu a presença de inúmeros falangeiros da Linha de Umbanda. Caboclos de Ogum, Oxosse e Xangô estavam lá, ao lado de luminosas representantes das senhoras Orixás de Umbanda. Pretas e pretos velhos, ibejadas, ciganos, exus e Pombagiras estavam no quarto, quase vinte luminosas entidades ali no ambiente. O tamanho físico não era limite para aquela quantidade de almas unidas pelo sincero sentimento de fraternidade.

Pai Vidal, sendo observado por todos, aproximou-se do corpo espiritual da jovem e, tocando-lhe a testa, escutou seus pensamentos. A menina sofreu um choque nervoso, um colapso oriundo da própria consciência culpando-a por mais um crime. Ela repetia a ideia fixa que aprisionava sua mente: "Mais uma vez cometi um crime contra você. Sempre um inocente. Dessa vez você era sangue do meu sangue e eu tinha que ser a sua protetora. Ao contrário, sou um monstro, a assassina que o matou. Olha só para você, coitado! O que foi que eu fiz?"

Aquilo se repetia ao longo de todos aqueles anos, sem interrupções. Ela mentalizava isso olhando para o feto inerte e sem vida em seus braços.

Naquele instante, Pai Vidal olhou para o companheiro Tomé e fez um sinal com a cabeça. Pai Tomé percebeu a gravidade do momento, fechou os olhos e se encheu de luz. De seu peito, uma claridade assombrosa se fez e, com envolvente tom de voz, começou a cantar uma melodia inebriante. Era um canto a Xangô, o Orixá da Justiça Divina, aquele que rege a balança de causa e efeito.

Todas as entidades ali presentes seguiram o iluminado preto velho e um quadro tão belo, de difícil descrição, se fez presente naquele quarto de hospital.

O canto angelical entoado por todos, num ato de amor, dizia assim:

"Se eu errei e aqui estou
Pedindo mil perdões a Pai Xangô
Se eu errei e aqui estou
Pedindo mil perdões a Pai Xangô
Mandai a faísca de um raio pra iluminar
Meu Pai, segura a pedreira, não deixa rolar
Xangô!
Kaô, meu pai!
Seus filhos bambeiam, mas não caem!
Xangô!
Kaô, meu pai!
Seus filhos bambeiam, mas não caem!"

Até que, do alto, um raio luminoso de profunda energia desceu dos céus e encobriu Rafaela totalmente, e ela já não podia mais ser vista, dada a quantidade de luz que a envolveu. O sentimento de paz era unânime. A luminosidade foi diminuindo e se pôde ver o espírito estremecendo. O corpo inerte do feto plasmado que ela carregava sumiu e, finalmente, Rafaela conseguiu sair daquele quadro de imobilidade e olhar à sua volta.

Ao fazer isso, percebeu aquela assembleia de corações que emanava amor, paz e serenidade em seu favor. A jovem começou a chorar e, olhando para Leandro, perguntou:

— Cadê o meu filho?

Nesse instante, uma nova claridade se fez e um lindo menino, tão belo como a noite mais bela, desceu dos céus. Seus olhos profundamente amorosos irradiavam luz. Não dava para ver como era a sua roupa, pois a imensa luz a tudo ofuscava.

Era João, um espírito de profunda envergadura moral, que disse olhando para Rafaela:

— Estou aqui, mamãe!

Ana, Leandro e Rafaela ficaram paralisados e escutaram, sem nenhuma reação, aquele anjo luminoso falar:

— Aquilo que você segurava não era eu. Era uma criação da sua mente. Eu sempre estive vivo e bem, com as graças de minha mamãe Oxum!

Ao terminar essa frase, ele segurou a mão de Ana e disse:

— Estou bem, mãe! Estou aqui. Sou o seu menino. Como você percebeu nos últimos tempos, a perseguição e a vingança não trazem a sensação de alívio que buscava. Ao contrário, a mantinham mais presa ao passado e não deixavam você me ver. Estou vivo e sempre estive esperando pelo nosso reencontro.

O menino abraçou as suas duas mães, uma de cada lado, e as envolveu em sua ternura e amor ímpar ao dizer:

— Essa é a magia do amor! Só o amor importa!

Após esses fantásticos momentos, Pai Vidal olhou para aquela cena de Rafaela junto de Ana, agarradas nos braços do menino João, e exclamou:

— Minha filha, precisamos que você descanse por uns dias. Temos muito a lhe explicar antes que a religuemos totalmente ao vaso físico.

22

UMA NOVA CHANCE

Rafaela, ainda ligada ao seu corpo pelo cordão de prata, foi levada até o leito do grande hospital espiritual em que Leandro fora tratado. Lá passou alguns dias se reequilibrando emocionalmente. Todos os dias, ela recebia medicações e passava por sessões de terapia espiritual com Vovó Joana, profunda conhecedora da mente e do comportamento humano. Ao término de uma das últimas sessões de psicoterapia, a iluminada trabalhadora da luz disse, com muito amor e respeito, à jovem que ouvia com humildade e entendimento a sabedoria da preta velha:

— Filha minha, ser mãe é a maior dádiva que podemos receber do Criador. É poder conhecer e viver o maior amor que existe no universo. Infelizmente você fugiu mais uma vez dessa grandiosa oportunidade de receber em seus braços um espírito que lhe chamaria de mãe para, por meio do seu esforço, encaminhá-lo ao bom caminho. Não teve a maturidade espiritual de resistir às dificuldades. Você, Leandro, e todos os envolvidos possuem suas parcelas de responsabilidade. Geraram um desequilíbrio grave na balança de causa e efeito, mas, como viemos conversando nesses últimos dias, tudo no universo tende ao reequilíbrio e, juntas, vamos trabalhar para isso.

A sessão durava longas horas e, por vezes, a jovem deixava escapar pesadas lágrimas.

O tratamento gerou significativa e rápida melhora do quadro mental. O corpo físico respondia positivamente, tendo uma evolução do quadro de coma que espantou toda a equipe médica da Terra, que nunca compreendeu totalmente o caso de Rafaela. Após cerca de um mês em Aruanda, a moça já estava bastante consciente de seus atos e dos desdobramentos ocorridos.

Estavam todos reunidos mais uma vez: Rafaela, Ana e Leandro, e, juntos, alinhavam o planejamento para que fosse feito o melhor para todos, de acordo com as possibilidades de cada um. Tudo sob a supervisão de Pai Vidal, Pai Tomé e do iluminado João.

Aquele grupo de espíritos estava junto há muitos séculos, inclusive Pai Tomé, que também tinha as suas histórias naquele ciclo, mas esses causos serão contados em outra oportunidade.

Rafaela se preparava para voltar integralmente ao corpo físico. Foi informada de que receberia uma nova chance na crosta terrestre. Regressaria ao plano material com a missão de se dedicar à ginecologia e à obstetrícia, engajada em projetos de combate ao nefasto crime de aborto, campanhas de esclarecimento sobre métodos contraceptivos e educação sexual, principalmente para o público jovem.

Sua mediunidade seria aflorada e ela teria, nesse intercâmbio com o plano espiritual, valoroso âmbito de serviço ao próximo. Seria também uma forma de continuar e aumentar ainda mais as suas atividades de esclarecimento e consolo.

Pai Vidal disse a ela:

— Minha filha, a mediunidade, quando bem canalizada para fins sérios e úteis, é verdadeira árvore que oferece sombra e alimento aos necessitados. Contudo, são necessários dedicação, esforço e muito trabalho para o cultivo dessa árvore.

Ana, que agora não cultivava mais o antigo ódio nem olhava para o passado com sentimentos de culpa e medo, orientou a sua nova amiga:

— Porém, a mediunidade é canal aberto com a espiritualidade. É preciso vigilância com a sintonia mental. Por muito tempo, quando ainda estava cega pela ignorância em que me deixei envolver, usava os canais mediúnicos das vítimas para melhor atuar na vida delas.

— É verdade. Para prevenirmos esse risco, colocaremos nos caminhos de Rafaela a tenda de Umbanda presidida pelo Caboclo Gira Mundo, local ao qual eu e Pai Tomé somos filiados. Lá encontrará seriedade e segurança para caminhar e aprender o que é a Linha de Pemba e, com isso, cumprir as suas missões junto ao plano espiritual — disse Pai Vidal.

E, dessa forma, as oportunidades e os caminhos para Rafaela foram traçados, porém, para tudo ser seguido, ela deveria empenhar seu livre-arbítrio nesse sentido, após acordar do longo coma.

O quadro clínico de Rafaela melhorava sensivelmente. O coma que se instalou por tantos anos era um reflexo no corpo físico do colapso emocional gerado, principalmente, pela culpa. As arritmias cardíacas, fruto dos trabalhos densos das trevas, haviam acabado junto com a destruição do núcleo de atividades do mal e a prisão de vários rebeldes pelos soldados da luz. O próprio coração de Rafaela, após a libertação de seu aprisionamento mental, já não era mais sensível órgão físico, morada de culpa e dores morais; agora era jubiloso coração materno sem remorsos.

A equipe médica estava extasiada com as possibilidades de reversão daquele quadro que se consolidara havia anos. Tentaram divulgar os fatos acontecidos. Diziam que precisavam ser relatados, mas os pais de Rafaela eram bastante taxativos e repreendiam qualquer possibilidade de invasão de privacidade ou divulgação do que a todos parecia ser um milagre.

Rafaela já não era mais uma jovem universitária e fisicamente seu corpo debilitado apresentava, além da maturidade, as marcas de tantos anos num leito de hospital e suas dificuldades. A situação de saúde física melhorava notoriamente e enchia de esperança os corações dos sofridos pais. Após catorze anos em coma, a moça voltava à normalidade sem nenhuma sequela mental.

— É um milagre! Eu sabia que isso iria acontecer! Louvado seja Deus! — chorava sua mãe, com o rosário na mão, e, com lágrimas, abraçava o marido, que nada conseguia dizer.

Rafaela iniciava uma nova e difícil jornada em sua vida. Baterias e baterias de exames, muitas sessões de fisioterapia, acompanhamento com equipe multidisciplinar; tudo deveria ser reaprendido e assim acontecia. O corpo retomava o vigor, respondendo muito bem à assistência que recebia.

Rafaela, aos poucos, foi reassumindo a vida normalmente. Não era mais uma menina de 22 anos. Agora tinha 36 e tentava se readaptar aos novos tempos. Tudo estava bem diferente em relação ao passado. A tecnologia era outra. Agora estavam em 2006.

Ela ficou sabendo do que ocorrera com o ex-namorado e o fim trágico que ele tivera. Ficou muito chocada, mas tentou não se envolver com o passado, na tentativa de ter uma nova forma de viver, o que ela dizia ser uma segunda chance dada por Deus.

Visitou várias vezes Larissa no interior do estado, o que a fazia se sentir muito bem. A amiga agora era esposa e mãe dedicada, em nada lembrando a jovem irresponsável do passado. Dedicava-se ao lar e aos negócios da família, e, quando soube da cura de Rafaela, a grande amiga de sua vida, logo foram reatados os laços de amizade. As duas conversavam diariamente pela internet.

Rafaela retomou os estudos e, pouco tempo depois, com muita dedicação e esforço, inclusive superando barreiras administrativas e judiciais, concluiu os semestres que restavam do curso de Medicina. Queria se dedicar à ginecologia e obstetrícia, dando prosseguimento aos estudos.

A vida voltava ao normal, mas ela já não era mais a mesma. Sentia uma vontade muito forte de, com sua história, fazer com que outras pessoas não cometessem os erros que havia cometido.

Após o tempo previsto, concluiu a sonhada especialização e iniciava sua jornada profissional, mas que para ela, inconscientemente, era uma verdadeira missão de iluminação. Além de plantões e consultas, estava sempre engajada em palestras para jovens e adolescentes, em campanhas de prevenção de gravidez indesejada e aborto.

Passaram-se sete anos desde a saída do coma e ela conheceu um novo amor, um homem maduro como ela, divorciado e sem filhos. Não demorou para se unirem e a vida seguia seu curso.

Tudo caminhava normalmente, até que uma série de sonhos começou a tirar a paz de Rafaela. Sonhava com Leandro, o rapaz que fora seu grande amor da juventude. Ele estava sempre feliz, mas trazia uma preocupação cujo motivo ela nunca se lembrava ao acordar. Era um recado. Ele queria dizer algo. Muitas vezes, dona Isabela também aparecia nos sonhos, juntamente com um senhor idoso, cheio de luz, e uma jovem linda, com traços indígenas, usando um belo cocar de penas.

Rafaela não entendia a razão daqueles sonhos recorrentes, mas estava impressionada e sentia necessidade de comentar sobre eles com alguém. Ao despertar em uma manhã, depois de ter novamente sonhado com aquelas pessoas, tomou uma importante decisão: iria se abrir com o marido e pedir orientação a ele.

23

CONHECENDO A UMBANDA

Rafaela contou ao companheiro sobre os estranhos acontecimentos dos últimos tempos e ele também se impressionou, mas não pôde ajudar muito. Assim como Rafaela, não entendia nada sobre aquele tipo de assunto. Então ela decidiu falar com os pais e ouviu o seguinte comentário da genitora:

— Filha, eu já ouvi muitas histórias sobre espíritos e coisas do além. Há pessoas que acreditam piamente em comunicações espirituais por meio de sonhos. Mas a mãe do Leandro está viva. Se ela aparece no sonho, por que você não a procura? Talvez ela possa ajudar a desvendar esse mistério. De minha parte, vou colocar o nome desse moço no terço e na novena. Ele pode estar sofrendo, ou sei lá... Mas acho que vai fazer bem a ele.

Rafaela, que nunca tinha se interessado por assuntos ligados à espiritualidade, estava chocada com a conotação de realidade daqueles sonhos, que para ela sempre foram resquícios de reproduções mentais, traumas ou coisas do tipo, mas nada ligado a questões espirituais.

Com o prosseguimento daqueles sonhos cada vez mais impactantes, ela decidiu ligar para a ex-sogra e, após agradável diálogo, resolveram se encontrar para conversarem melhor. No dia seguinte, Rafaela foi recebida na casa de dona Isabela, que, após os cumprimentos, não economizou elogios à ex-nora:

— Como falei ao telefone, tenho acompanhado você pela internet. O filho da moça que trabalha aqui em casa está me ensinando a mexer no computador. Fico muito feliz em ver suas fotos, mas você, que já é linda na tela, está muito mais bonita pessoalmente.

— Ah, muito obrigada — Rafaela agradeceu sorrindo. — E a senhora, como tem passado?

A resposta foi em forma de uma longa conversa, alegre e cordial. A senhorinha estava radiante, o que gerou espanto em Rafaela ao notar que a ex-sogra era outra pessoa. Muito mais comunicativa e alegre. Estava até usando a internet! Ela aparentava ser mais nova do que era, apesar de tudo o que havia acontecido de ruim.

— Dona Isabela, estou encantada, pois parece que o tempo não passou para a senhora. Qual é o segredo? Qual é a fórmula da longevidade e dessa alegria toda?

— Ah, minha filha, não há segredo nenhum, mas algumas dicas são importantes, por exemplo: fazer o bem aos outros, estar em movimento, botar a cabeça para pensar, tentar olhar para o passado com gratidão e para o futuro com esperança, mas nunca esquecer que vivemos mesmo é no presente.

A mulher fez uma pausa e suspirou fundo antes de prosseguir:

— Sabe, Rafa, depois de tudo o que aconteceu, eu fiquei muito mal por um longo tempo. Perder um filho é a pior coisa do mundo, uma dor terrível, um vazio imenso... Não desejo isso a ninguém. Preferiria mil vezes ter ido no lugar dele, ainda mais como tudo aconteceu. Tive depressão, não queria mais viver, precisei de assistência médica, mas a situação não mudava. Até o dia em que uma amiga me convidou para ir à religião dela, dizendo que a solução poderia estar lá. De início eu recusei, não acreditava que fosse ajudar, mas houve um momento em que me senti tão cansada daquele sofrimento, que acabei aceitando o convite.

Dona Isabela falava com emoção, fazendo parecer que um filme passava em sua mente.

— Chegando lá, estranhei um pouco. Mas aos poucos fui renascendo. Meu marido estava sempre trabalhando e eu ficava sozinha e triste aqui em casa. No centro era diferente, sempre tinha alguém com quem conversar, fazer amizades. E o mais importante é que fui aprendendo sobre questões espirituais que eu ignorava completamente. Vivi situações que mudaram o meu modo de encarar a vida e fui me envolvendo cada vez mais. Há pouco tempo me tornei trabalhadora da casa, pois sinto que devo retribuir ao menos um pouco do muito que recebi naquele lugar. Foi por isso que minha vida mudou tanto.

— Que bom que a senhora está bem — Rafaela comemorou com sinceridade. — Mas, perdoe-me pela ignorância e cara de pau, o que a senhora aprendeu e viu nesse lugar?

— Ah, minha filha, é até difícil explicar. Mas, resumidamente, aprendi que a vida nunca se acaba e que o amor não morre. Que nunca é tarde para aprender, mudar nossas atitudes para melhor e seguir em busca da felicidade que tanto almejamos. Lá eu descobri que meu filho estava vivo e que agora está bem.

Aprendi que, quando eu cuido da dor do outro, quando eu dou o meu tempo e a minha atenção para quem precisa, a minha dor desaparece e eu me sinto viva e útil.

Impactada com tudo o que ouvia, Rafaela percebeu que era o momento de tocar no assunto pelo qual estava ali:

— Posso fazer mais uma pergunta?

— Claro que pode, minha filha! Quantas você quiser.

— É que, de uns tempos para cá, eu tenho sonhado muito com o Leandro. Sonhos muito reais, e eu nunca tinha visto algo assim. A senhora, que está envolvida com essas questões espirituais, sabe o que pode significar?

Dona Isabela, já emocionada com aquela conversa que revolvia o passado, ao ouvir o nome do filho, com os olhos cheios de lágrimas, disse:

— Desculpe-me pelo choro, mas a saudade só aumenta com o passar dos anos. Ele está vivo, eu sei, e muito bem. Soube por meio de sonhos e dos guias de luz da casa. Não sei o que ele está querendo falar, mas posso garantir que não são apenas sonhos. O que você acha de ir comigo em uma sessão? Essa ideia me ocorreu agora e seria uma forma de encontrar respostas para as suas dúvidas.

O convite pareceu assustar Rafaela.

— Agradeço o convite e peço desculpas, dona Isabela, mas não gosto muito dessas coisas de religião. Já ouvi algumas histórias de macumba, Umbanda. Não sei a diferença. Não me entenda mal, por favor. Prefiro não me envolver com nenhuma religião. Quando eu era pequena, minha mãe me levava à igreja, mas eu não gostava. Não acredito muito, sabe? Prefiro não me envolver.

Vendo a aflição da médica, que parecia surpreendida com aquele simples convite, a mãe de Leandro deu uma risada espontânea e disse:

— Acha que eu iria me envolver com alguma coisa que fizesse o mal para os outros? Filha, lá a gente só faz o bem. Ajuda as pessoas, faz estudos sobre o evangelho, sobre o mundo espiritual, tem as curas e mais um monte de coisas lindas. Eu sou cambona, sabia? Além disso, sou da equipe da sopa para as pessoas em situação de rua e voluntária no projeto de apoio ao orfanato.

— Não me entenda mal, pelo amor de Deus — Rafaela falou um tanto curiosa. — A senhora é o quê?

— Sou cambona. É uma forma de atuar com a espiritualidade. Sou uma trabalhadora da casa de Umbanda. Somos médiuns de sustentação. Ajudamos os guias nos trabalhos, aplicamos passes magnéticos, orientamos as pessoas que vão lá em busca de ajuda. Temos que ficar sempre atentos, para manter a ordem, ou seja, fazemos um monte de coisas. E eu me sinto muito bem desenvolvendo essas atividades. Olha, teremos sessão de preto velho na próxima sexta-feira, o que você acha de ir?

— Preto velho?

— Isso! São guias de luz que usam seus conhecimentos, suas rezas e seu amor para ajudar as pessoas. Não se deixe levar pelo que os outros falam, não. Tem muito preconceito com a Umbanda. Um monte de gente falando besteira por aí. A maioria que fala essas coisas nunca foi numa casa séria para ver como é.

— Entendi. Já que a senhora está me convidando e se sente tão bem lá, eu aceito o convite, mesmo com medo dessas coisas.

As duas riram e conversaram pelo resto da tarde. Combinaram horários e, dois dias depois, Rafaela estava com o marido indo conhecer a Umbanda.

Os dois entraram no terreiro e sentaram-se na última fileira de cadeiras. Acharam toda aquela movimentação muito curiosa. Ambos se surpreenderam ao ver todos em coro, rezando em determinado momento uma Ave-Maria e um Pai-Nosso; não imaginavam que a Umbanda usasse essas rezas.

Apenas Rafaela iria se consultar, pois seu companheiro disse que o faria na próxima vez.

A gira transcorria normalmente. Ambos estavam maravilhados com a energia das canções de terreiro. O ogã cantava e era acompanhado por todos. Melodia maravilhosa se fazia no ambiente. Estavam cantando um ponto para o preto velho de uma das médiuns da casa:

"Pai Joaquim eê
Pai Joaquim ea
Pai Joaquim veio de Angola
Pai Joaquim vem de Angola, Angola..."

Nesse momento, a cambona Isabela chamou Rafaela para se consultar:

— Rafa, vem. Chegou a sua vez. Coloquei você para conversar com o Pai Tomé. Você vai adorar.

A médica estava um pouco impressionada com tudo aquilo, que era novo para ela. Nunca tinha visto nada igual. Sentou-se na frente de Armando e, sem falar nada ou saber exatamente o que fazer, escutou pela fala do médium a voz de Pai Tomé:

— Eita, minha filha, quanto tempo! Pensei que nunca ia vim cá. Que tinha esquecido de nós daqui.

Rafaela pensou que aquilo era loucura. Ela nunca tinha estado ali ou em qualquer outro lugar parecido. Do que ele estava falando?

— Dê cá um abraço no velho.

E, durante o longo abraço, ela sentiu uma emoção estranha tomar conta de si, como se realmente já conhecesse aquilo. Mas como? De repente, as figuras de Leandro e do senhorzinho que sempre estava com ele apareceram em sua memória.

Pai Tomé disse:

— É, minha filha, essa cabeça esteve longe no passado hoje, né?

— É, sim — ela respondeu. — Tenho sonhado com alguém que foi muito importante para mim. Não sei o que significa, mas acho que de alguma forma ele queria que eu viesse aqui.

Pai Tomé deu uma risada marota, uma pitada no seu cachimbo e disse:

— É isso mesmo. O menino queria que você viesse aqui.

Rafaela ficou completamente desnorteada: "Como ele sabe que é o Leandro? Só se dona Isabela contou alguma coisa para ele", pensou. Resolveu tomar coragem e fazer uma pergunta para aquela misteriosa figura:

— Como o senhor sabe dessas coisas?

— Então, filha, é uma longa história, mas eu conheço você há muito tempo. Você não ficou um tempão no hospital?

Rafaela gelou. Como ele sabia daquilo tudo? Ah, agora tinha certeza de que dona Isabela havia contado tudo. Constrangida e impressionada pela forma como aquela entidade a olhava e falava com ela, apenas disse:

— Fiquei, sim, catorze anos em coma.

— Eu sei, filha. Sei também que você tem caminho na espiritualidade para caminhar.

— Como assim?

— Esses sonhos, as intuições, tudo isso é o início do seu chamado. Você vai entrar em uma nova fase da vida. Você é médium.

Rafaela não entendia o poder daquelas palavras e daquele homem, mas a todo o momento estava arrepiada e sentindo algumas coisas estranhas na mão.

O preto velho, observando-a e sabendo que não era a hora para mais informações, falou:

— Olha, temos muita coisa para conversar. Vamos nos ver muito ainda. Mas vamos dar tempo ao tempo. Você quer perguntar alguma coisa? Se eu souber ou puder falar, talvez eu possa ajudar.

Rafaela continuava confusa com tudo aquilo, um pouco instigada a entender como funcionava e um pouco encantada também. Era uma mistura de emoções.

"Como ele pode ser tão assertivo assim?", pensava ela. Não sabia como. Havia a possibilidade de dona Isabela ter contado detalhes de sua vida, mas com que propósito? Que tipo de vantagem a esposa do doutor Luiz teria em inventar toda aquela história? Rafaela não confiava totalmente no que estava acontecendo, mas sentia-se de algum modo atraída pelo que ali acontecia. Ela estava com muita vontade de falar sobre o desejo que seu marido tinha de ser pai e da sua impossibilidade de ser mãe; talvez aquele homem tivesse um conselho ou uma palavra de conforto para lhe dar, mas ela se segurou e disse apenas:

— Não.

Após mais um caloroso abraço, que a deixou arrepiada, Rafaela se despediu e foi para casa, encantada com o que tinha vivenciado naquela noite. A Umbanda era realmente diferente de tudo o que conhecia.

Ao longo da semana, por telefone e por mensagens pela internet, fez várias perguntas a dona Isabela, que sempre respondia com alegria e segurança. Entre as muitas perguntas e respostas, a médica chegou à conclusão de que a ex-sogra realmente nunca tinha falado nada sobre ela para Armando ou para Pai Tomé.

24

NASCE UMA PADILHA

Enquanto no plano físico Rafaela retomava a sua vida profissional e amorosa, Ana se preparava para algo muito importante em sua trajetória evolutiva. Ela tinha uma ideia que estava sendo amadurecida em seu coração, um desejo forte de crescer naquele novo mundo que se abria, de lutar para reescrever sua história, era o que gritava a sua consciência.

Tinha reencontrado finalmente o filho amado, já havia recebido o perdão e perdoado Thomas e Manuella, agora conhecidos como Leandro e Rafaela. Já não estava mais envolvida com os densos trabalhos de ectoplasmia para a vingança e seguia trabalhando para o bem. Prestando serviços para a Linha de Pemba, auxiliava os exus de Umbanda que trabalhavam nas fazendas de correção que Aruanda possui no umbral.

As fazendas de correção são locais destinados à reforma íntima, à promoção do equilíbrio e do sentimento de fraternidade para espíritos que por muito tempo nutriram os sentimentos de preconceito, vaidade, revolta e ódio. Além disso, apoiava também os guias de luz em algumas atividades na crosta terrestre.

Um dia, ela pediu para conversar com Pai Vidal, que sempre tinha bons conselhos, e expôs a sua vontade de trabalhar mais, ter mais possibilidades...

— Meu Pai, estou cumprindo minhas atividades nas fazendas de correção faz alguns anos. Fico feliz em trabalhar para o bem, em ajudar no desenvolvimento de algo nobre, mas sinto que posso fazer mais. Toda vez que me convocam para alguma atividade de apoio no terreiro, toda vez que posso colaborar com as falanges de luz, na quebra das demandas, quando ajudo a correr gira e posso influenciar os encarnados a fazerem escolhas melhores, me sinto radiante. Conversei com o Vovô Pedro e com a dona Rosa, que são meus supervisores nas atividades, e eles me autorizaram a buscar outro serviço, assim que eu completar a próxima cota de bônus-hora. Estou bem perto de atingir a meta estipulada e gostaria muito de alguma atividade próximo à crosta. Queria poder usar os conhecimentos que adquiri ao longo dos últimos séculos, só que agora para proteger, em vez de atacar. Para estimular as boas ações em vez da perdição... Esse tipo de coisa.

O velhinho pensou e disse:

— Fico muito feliz em ouvir isso, minha filha! Eu sei bem que vontade é essa que está sentindo. Sempre digo que a evolução é mais acessível para os espíritos que já foram obstinados no mal do que para os que são indiferentes, preguiçosos ou mornos. Os acomodados são dados ao tédio em qualquer situação, não se movem por coisa alguma, em tudo veem sacrifício, acham que dá trabalho demais... Muitos não são nem decididamente maus, mas a inutilidade proposital os afasta do bem. Já os

Soldados da Luz - Uma jornada de amor com a Umbanda

irmãos que eram energicamente maus, aqueles que colocavam intensidade em suas ações, geralmente, quando acordam para as verdades da vida, usam a mesma intensidade, ou até mais, nas ações de reequilíbrio. Aqueles que são muito intensos nas práticas da vingança ou violência, na maioria das vezes, quando compreendem as verdades da vida, usam toda a obstinação, toda a vontade para plantar amor, perdão e luz. Vejo que você está começando a compreender essas verdades. Agora é só usar a intensidade da sua vontade, a sua persistência para agir no bem. Agora sua bússola está apontando para a direção certa. Vamos trabalhar! O que você tem em mente?

Ana refletiu um pouco antes de responder:

— No tempo que permaneci nas trevas, querendo ou não, aprendi muito com os serviços de vingança que pratiquei. Parece até estranho falar isso, mas é verdade. Desenvolvi as armas da persuasão, aprendi manipulações fluídicas, conheço bem as regiões umbralinas, tive muito contato com a mente humana e os seus desejos, mas tudo sempre para fazer maldade aos outros, sempre pensando nos meus ganhos pessoais, independentemente do sofrimento que geraria aos outros. Puro egoísmo de minha parte.

Após alguns segundos em silêncio, como que relembrando o passado, ela olhou com muita sinceridade para o velhinho e completou:

— Quero combater esse tipo de coisa, sabe? Ajudar a desfazer o que por muito tempo eu fiz. Quero equilibrar o que já desequilibrei. Acho que me sentiria ainda mais em paz.

Pai Vidal, que a tudo ouvira atentamente, respondeu:

— Você tem razão, Ana. Acho que essa forma de pensar a levará a bons caminhos. Conclua o tempo que falta em sua atual missão e o faça com muita dedicação. Essa atividade está lhe ajudando a desenvolver a humildade, a paciência e a disciplina. Deixe que vou ver algo com alguns contatos que tenho, vou tentar adiantar as coisas e, assim que acabar a sua atual função, vamos tentar fazer a transição sem delongas.

— Muito obrigada — ela disse com empolgação.

— Não precisa agradecer, minha filha. Gente querendo mais trabalho, querendo crescimento, dá gosto de ajudar. Você vai muito longe, não tenho dúvidas.

Um pouco mais de três anos se passaram e Ana concluiu a sua cota de atividade junto aos serviços gerais nas atividades de reequilíbrio no umbral, tarefa que envolvia diversos afazeres. Trabalhava na segurança, na guarda das instalações e no apoio administrativo. Dentro de sua rotina, havia horas destinadas ao estudo e a estágios supervisionados. Essas tarefas consistiam em verdadeira escola que fornecia uma visão abrangente dos serviços mantidos pela colônia em zonas de sofrimento. Ana trabalhava e estudava com muito afinco e dedicação. Após o tempo previsto, foi conversar com Pai Vidal, que a recebeu dizendo:

— Minha filha, você serviu com paciência e dedicação nos últimos tempos e, sem dúvida, essa atividade constitui tesouro da alma em seu coração. Nesses breves anos, conseguiu consolidar a vontade de servir em seu íntimo, aprendeu um pouco mais sobre humildade e hierarquia. Acredito que está pronta para uma missão de grande seriedade.

Ana sorriu e continuou a ouvir atentamente aquele iluminado guia dizer:

— Consegui, junto a alguns conhecidos, introduzi-la em um concorrido processo seletivo. Sua ficha, após avaliação da junta técnica, foi selecionada. Você está matriculada em um dos cursos de Especialização, Desenvolvimento e Combate a Magias. Será abraçada pela Linha de Santo Antônio. Sua vaga será, por uma questão de afinidade, junto às irmãs pombagiras. Você irá se preparar em uma das escolas de formação, onde poderá res-significar e ampliar muito dos seus conhecimentos. Quem sabe um dia não será uma falangeira de luz? Sabe que uma vaga nesse curso não é fácil, mas o que a capacita são os seus ótimos serviços prestados nos últimos tempos, bem como a sua vontade e determinação.

Ana chorou de emoção e agradeceu do fundo do coração pela oportunidade recebida:

— Muito obrigada! Vou fazer tudo isso valer a pena.

— Eu não tenho dúvidas quanto a isso, minha filha. Mas preciso avisar que não será fácil. Exigirá muita dedicação. O curso é em regime integral, com aulas todos os dias. Porém posso garantir, com toda certeza, que cada hora investida na busca pelo domínio desses saberes valerá a pena. Serão verdadeiros degraus de luz em sua subida eterna em direção ao Pai.

— Só tenho a agradecer por essa oportunidade de ouro. Eu posso imaginar o quanto será difícil. Lembro-me bem da força e de como é a atuação das Linhas de Santo Antônio na Umbanda. Sempre tive uma grande admiração pela falange de Maria Padilha. Será uma honra se um dia eu conseguir ser uma — disse Ana, sinceramente agradecida e emocionada.

Uma semana depois, aquelas duas entidades se direcionavam à escola.

Na porta, perto de um belíssimo jardim muito bem ornamentado e florido, que ficava próximo ao grande portão de entrada da instituição, Ana viu dona Rosa, supervisora direta das atividades que prestara para Aruanda nas fazendas de correção. A bela mulher, de traços latinos, cabelos pretos, aparentando ter bem mais de quarenta anos, usava um vestido preto com detalhes em vermelho.

Ao se aproximarem da imponente entidade, ela disse com muito orgulho para Ana:

— Minha amiga, quando Pai Vidal me disse que você iria aprofundar seus estudos nessa escola, eu fiz questão de estar aqui para lhe desejar muitas felicidades nesse novo caminho. Não tenho dúvidas de que será muito feliz. Eu, em outros tempos, assim como você, cruzei esse portão cheia de esperanças. Digo com toda a certeza do mundo que não me arrependo um só segundo de poder colocar em prática as lições que aqui aprendi. Seja no apoio moral aos necessitados, no empoderamento dos desiludidos, no reequilíbrio das emoções ou onde mais for necessário.

Após muitas palavras de confiança e boa sorte, Ana cruzou os portões da instituição de ensino. Em sua mente um filme a levava longe pelas memórias do passado; lembrou-se de seu menino e, ao se recordar dele, enquanto caminhava, ouviu a voz inconfundível de João:

— Mamãe!

Ela olhou para trás e João, que estava a poucos metros, a abraçou dizendo:

— Não poderia deixar de estar aqui nesse momento tão importante. Eu a amo, mãe! Estou muito orgulhoso da senhora!

— Ah, meu filho! Desde que o reencontrei, eu me abri para o amor e me redescobri. Hoje quero recuperar o tempo perdido.

— Ah, mamãe, nunca fiquei longe de você. Assim que se permitiu, conseguiu me perceber. Hoje a senhora está iniciando uma jornada linda, eu tenho certeza! Vá em paz! Estaremos sempre juntos.

Os dois se abraçaram por longos minutos e Ana prosseguiu com passos decididos e firmes. Seu coração estava em chamas. Uma vontade imensa de trabalhar, um sentimento de renovação e desejo de aprender a envolvia inteiramente.

25

O AMOR ENCOBRE UMA MULTIDÃO DE ERROS

Rafaela passou a frequentar semanalmente as sessões de Umbanda na casa onde dona Isabela era dedicada servidora. Começou a se envolver como voluntária nas doações de sopa e em hipótese alguma faltava às visitas aos orfanatos.

A Umbanda encheu sua vida de entendimento. Sua felicidade era quase completa. Mulher madura, profissionalmente realizada, amorosamente feliz. O único desejo que ainda não havia realizado, e nem poderia, era gerar um filho em seu ventre. O marido também não tinha filhos e o sonho dele era ser pai. Apesar da idade avançada para ser mãe, a medicina já registrava inúmeros casos de inseminações e outras possibilidades com sucesso em mulheres até mais velhas do que ela. Contudo, o aborto que tanto combatia agora e apontava como sendo nefasto crime contra inocentes, além de retirar catorze anos de sua vida, também retirara seu útero e ovários e, com isso, qualquer possibilidade de gerar filhos.

O trabalho de educação que realizava proporcionava grande consolo moral. Desde que iniciara essa atividade, dizia que a conscientização da sociedade quanto ao assunto era o melhor caminho a ser seguido. Desse modo, sempre abordava alguns assuntos em suas palestras:

— Sei que quando se é jovem, ainda mais sem apoio da família, o aborto aparece como solução; mesmo sendo terrivelmente difícil e doloroso, é visto muitas vezes como a melhor saída possível. Não se deixem enganar! O aborto nunca será a melhor saída. Sei que é difícil. Já passei por isso. Sempre tive uma família financeiramente estável e bem estruturada e, mesmo assim, por medo, insegurança e vários outros motivos, optei pelo aborto. Se eu tivesse a cabeça que tenho hoje, jamais faria a mesma escolha. Sofri várias complicações e fiquei em coma profundo por catorze anos! Hoje não tenho a capacidade de gerar um filho. Por isso estou aqui, para evitar que vocês carreguem esse terrível arrependimento de tirar uma vida inocente.

Em outro momento, falava com muita propriedade sobre o assunto:

— Se você está aí na plateia me ouvindo e, assim como eu, já cometeu esse grave erro, não se culpe; infelizmente, já aconteceu. Perdoe-se, minha amiga, meu amigo. Na época, você não sabia o que sabe hoje. Se após o procedimento você ainda tem a capacidade de gerar biologicamente um filho e não deseja engravidar novamente, previna-se. Pílulas, camisinha, DIU... Hoje temos muitas possibilidades de evitar uma gravidez não planejada. Mas, se mesmo assim acontecer, se você já estiver grávida, não aborte, minha amiga. Escute o que digo e não faça

Soldados da Luz - Uma jornada de amor com a Umbanda

essa escolha. A vida dá muitas voltas e o que hoje parece ser o fim do mundo pode ser, na verdade, um novo mundo muito melhor amanhã.

E as orientações continuavam, cada vez mais inspiradas:

— Se alguma amiga sua, irmã, filha, cunhada ou sabe-se lá quem estiver grávida e sozinha, seja você a rede de apoio que gostaria de receber. Ponha-se no lugar dela, que provavelmente está muito assustada. Nós sabemos como é difícil ser mulher, a pressão que vem de todos os lados; temos que nos dividir em mil e ser competentes em tudo. Precisamos ajudar umas às outras, não podemos virar as costas para quem está num momento tão difícil. Quanto aos homens, pelo que vejo, são poucos aqui. Infelizmente ainda não há uma procura muito grande de homens em nossos eventos, mas direi aos poucos que estão aqui hoje que repliquem isso aos amigos. Usem camisinha. Ela não serve apenas para se protegerem de doenças sexualmente transmissíveis; previne também a possibilidade de uma gestação não planejada. Caso sua "ficante", namorada ou esposa fique grávida, assuma! Quem incentiva o aborto ou nega as responsabilidades que tem, abandonando a companheira, é tão responsável pelo ato quanto quem o cometeu. O que falei sobre rede de apoio também serve para vocês.

E finalizava com palavras que conclamavam a solidariedade de todos:

— Se sua irmã, prima, amiga estiverem grávidas, seja o porto seguro. Dê o seu ombro. Ajude como puder. Seja luz! Você pode ser a única esperança daquela mãe e daquele bebê. A pior coisa que pode acontecer a uma gestante é ficar sem o apoio daqueles com quem ela conta, esperando algum tipo de carinho e amparo.

Por mais de uma hora, a doutora Rafaela falava em suas palestras, que faziam parte de verdadeiras campanhas pela vida. Mulheres faziam relatos, havia rodas de conversa para troca de experiências e oficinas para ensinar sobre os cuidados básicos com o recém-nascido, entre outras importantes atividades ligadas às questões da maternidade.

O grupo da doutora Rafaela Albuquerque ajudava no pré-natal. Psicólogos faziam acompanhamento aos familiares e campanhas de arrecadação para montar enxovais. Tudo gratuito, a partir de trabalhos voluntários e campanhas de doação.

Quando começou a frequentar a Umbanda e a ouvir a sabedoria dos guias, as palestras públicas, a leitura de grandes obras, entre elas, O Livro dos Espíritos e dezenas de obras de Chico Xavier, ela compreendeu a importância desse trabalho para si mesma e para os outros. Aos mais próximos, com quem tinha mais liberdade e que sabiam de sua religião, passou a dizer:

— Se materialmente o aborto é complicado, envolve uma série de questões sociais, médicas e psicológicas, espiritualmente é muito, muito pior!

Certa vez, Armando, o dirigente do centro, sabendo do belíssimo trabalho daquela senhora que sempre ia ao terreiro com o marido e que já participava de várias ações da casa, convidou-a para fazer uma palestra sobre aborto na reunião pública. Rafaela, que cada vez mais estudava a respeito do assunto também na visão espiritualista, aceitou.

Durante uma hora falou inspirada por seus guias e por espíritos que atuam no perdão e no acolhimento aos que cometem esses atos. Abordou sobre as possíveis consequências espirituais a todos que cometem ou incentivam o aborto, mas o enfoque central foi em como lidar com a culpa e a necessidade de autoperdão e reequilíbrio das ações na balança de causa e efeito.

Soldados da Luz - Uma jornada de amor com a Umbanda

Dizia ela sabiamente:

— A espiritualidade é amor. O que equilibra o universo é o amor. Se nós cometemos algum ato consciente de desequilíbrio, temos que nos esforçar para buscar o equilíbrio. Sempre haverá formas de reparar os nossos equívocos. Zambi é Pai de amor e não pune ninguém mandando para o inferno ou fazendo com que coisas ruins aconteçam. Nós, umbandistas, sabemos que essas coisas não são bem assim. Ele, assim como Oxalá, os Orixás e os guias de luz, quer ver a nossa felicidade e o nosso equilíbrio, portanto, colocará em nosso caminho formas de repararmos nossas falhas por meio do amor. Assim como o apóstolo Pedro, que tão bem compreendeu isso, nos ensinou: "O amor encobre uma multidão de pecados" (1 Pedro 4:8).

26

VESTINDO O BRANCO

Na sessão seguinte à palestra, em uma gira de caboclos, Rafaela, que adorava as sessões e não perdia nenhuma, gostava muito de se consultar com o Caboclo Roxo. Ele trabalhava há décadas com uma médium já idosa, que ingressara ainda menina na corrente, nos tempos da avó de Armando. A entidade luminosa, que se apresentava espiritualmente como um belo índio brasileiro, com saiote e cocar feito de penas, sempre dava excelentes conselhos à médica. Ela adorava o seu abraço e a forma firme e coerente com que aquele espírito atuava.

Naquele dia, a sessão estava um pouco diferente na percepção da consulente assídua. Sabia que era médium, mas não acreditava que sua mediunidade fosse além das percepções, dos arrepios, dos sonhos e intuições. Ao abraçar o caboclo, ela sempre se arrepiava e às vezes sentia pequenas tremedeiras nas pernas.

Mas, naquele dia, Rafaela não conseguiu segurar. Suas pernas estavam descontroladamente trêmulas, suas mãos frias e suando demais, os batimentos cardíacos acelerados. Seu marido, que estava na área destinada à assistência e observava tudo, ficou preocupado, perguntando-se se estaria tudo bem com a esposa, pois os dois já tinham conversado várias vezes sobre as faculdades mediúnicas que ela possivelmente possuía.

Caboclo Roxo, percebendo o que ocorria espiritualmente, pediu um ponto aos ogãs da casa, que logo cantaram:

"Eh Jureme, eh Juremá
Sua flecha caiu serena, Jurema
Nesse gongá
Sua flecha caiu serena, Jurema
No meio da mata
Sua bodoque atira
Oh, paranga
Sua flecha mata
Oh, Jurema!"

Ao ouvir essa canção, Rafaela, que estava sendo magnetizada pelo caboclo, sentiu-se com o senso de alerta mais enfraquecido. Mesmo vendo e ouvindo tudo, não conseguia perceber muito bem o que estava acontecendo à sua volta. Seu corpo fazia movimentos involuntários com o braço, as pernas continuavam bastante trêmulas, as mãos suavam frio e o coração batia muito acelerado. A médica não conseguia entender aquelas sensações e emoções. De repente, em um salto involuntário, caiu no chão, ajoelhada, com uma mão na cabeça e a outra esticada, dando três longos brados:

— Kiô! Kiô! Kiô!

Logo seu corpo ficou de pé, com uma mão estalando os dedos e a outra com os dedos esticados na altura do peito. Ficou alguns minutos assim. Sua cabeça estava confusa e ela pensava: "Meu Deus, por que estou fazendo essas coisas? Será isso uma incorporação? Será que não sou eu que estou fazendo isso?". E, ainda que quisesse, percebeu que não conseguiria sair daquela posição. Tudo era confuso para ela. Verdadeiro turbilhão de sensações e sentimentos a tomava.

Após alguns momentos, sentiu que a energia que mantinha aqueles procedimentos passou e ela voltou a comandar seu corpo. Finalmente estava no controle de tudo, apesar de sentir ainda uma grande tremedeira no corpo e as mãos e os pés gelados e suando.

O caboclo, que com a mesma expressão de serenidade continuava pitando seu charuto, pediu a dona Isabela uma cadeira e um copo de água magnetizado. A cambona rapidamente buscou uma cadeira para a médica se sentar e, fechando os olhos, impôs uma mão sobre o copo e em prece inundou o líquido com substâncias espirituais calmantes, de coloração azulada.

O caboclo ofereceu a água para a consulente, que agora se sentava na cadeira e, ansiosa por compreender o que havia ocorrido, perguntava ao guia de luz:

— O que foi isso?

— Foi uma incorporação.

E, de forma muito breve, o sábio caboclo foi explicando que cada médium é de um jeito, que acontece de forma diferente com cada um e, com o passar do tempo, a mediunidade vai se transformando de acordo com a missão de cada trabalhador.

— Filha, você sabe que é cavalo e que tá na hora de fazer trabalhador. Vou chamar meu mano, continue bebendo essa água com calma.

Caboclo Roxo andou até o meio do terreiro e fez um sinal com a cabeça na direção do Caboclo Gira Mundo, que estava olhando a gira. Ao se aproximarem de Rafaela, os dois guias conversaram com ela.

Caboclo Gira Mundo falou:

— Filha, você quer vestir branco? Fazer parte da nossa corrente? Você já frequenta aqui há um bom tempo, já está envolvida nos trabalhos de caridade. Se quiser fazer parte dos trabalhos mediúnicos, o convite está feito.

— Você já sabe, pelo que tem estudado nos livros e assistido nas palestras, que a responsabilidade é muito grande — reforçou Caboclo Roxo. — Sabe que precisa dedicação, humildade e, principalmente, boa vontade.

Rafaela, sem pensar muito, sentiu um forte impulso e disse com muita firmeza que sim.

Caboclo Roxo, por intermédio de sua dedicada médium, deu um longo abraço na médica, falando algumas belas palavras no ouvido dela. Logo após, o Caboclo Gira Mundo também a abraçou e disse que mandaria o cavalo dele conversar com ela ao término da reunião.

Rafaela sentou-se na assistência ao lado do marido. As pernas ainda estavam tremendo e ela ficava tentando entender o que tinha acontecido. Estava muito feliz e ao mesmo tempo confusa com tudo aquilo.

Ao término da reunião, Armando a chamou para conversar, falando pacientemente, assim como fazia com todos os novos trabalhadores da casa. Explicava sobre mediunidade, sobre o terreiro e a sua história, dando a ela uma cartilha com as regras da casa. Era um regimento interno que todos os médiuns seguiam desde os tempos de sua avó, passando pelos tempos de seu pai. Essa tradição de regras claras era mantida com disciplina e tratava de assuntos tais como deveriam ser os uniformes, os banhos; falava brevemente sobre datas importantes e dúvidas comuns dos jovens trabalhadores.

O Pai de Santo também explicou que a casa era mantida financeiramente com a ajuda dos trabalhadores, que pagavam uma mensalidade; esta, somada às rifas e bazares, pagavam as contas de luz e água, além de comprar os materiais básicos usados nos trabalhos, que eram sempre gratuitos. Rafaela ouvia tudo, ao lado do marido, com muita atenção.

Já no dia seguinte, providenciou com uma amiga costureira a saia simples e branca que todas as médiuns usavam. Comprou as ervas para alguns banhos que foram orientados pelo Caboclo Roxo e passou a se dedicar às tarefas que agora lhe competiam.

Os meses foram passando e a rotina de Rafaela dividia-se entre o trabalho no seu consultório, palestras e as atividades da Casa de Umbanda da qual se tornou dedicada trabalhadora.

Caboclo Gira Mundo sempre dizia que desenvolvimento mediúnico não combina com pressa. Primeiro a árvore aprofunda as suas raízes, torna-se firme e forte, depois, aos poucos, vai crescendo, aumentando o número de folhas e, quando menos se espera, está alimentando os que têm fome e dando sombra aos que precisam de descanso. Não dá para acelerar. A mediunidade, assim como tudo na natureza, tem o seu tempo e a sua forma de florescer.

Certa vez, Pai Tomé disse aos médiuns iniciantes:

— Nunca vi ansiedade ajudar ninguém a nada. Já vi muito filho botar a carroça na frente dos bois, e isso gera frustração. Na maioria dos casos, é devagar que se chega.

As giras de desenvolvimento eram fechadas ao público e contavam sempre com a presença de todos os filhos de santo, mesmo os que já eram médiuns firmes. Em uma das sessões, ao incorporar, riscar seu ponto e cravar sua ponteira, disse o Caboclo Gira Mundo, que era interpretado por Armando em transe mediúnico:

— Meus filhos, desenvolvimento mediúnico não é só fazer o corpo tremer. Não é só desenvolver a intuição. Não é conseguir canalizar os pensamentos dos espíritos. Não é só atuar nas demandas. Umbanda não é só o que se faz dentro do terreiro. Umbanda não é só dar passes, dar consulta e fazer atendimento com os guias espirituais. Faz parte do desenvolvimento, e é muito importante que vocês busquem, a evolução moral. É fundamental que o trabalhador de Umbanda tente desenvolver autoridade moral. Ser uma pessoa melhor a cada dia. Um pouquinho de cada vez. Vocês são soldados da luz e nós contamos com vocês para nos ajudar nessa tarefa.

"Tem que tentar diminuir os defeitos, diminuir o orgulho, a avareza, a reclamação e tentar aumentar o entendimento com o outro, a paciência, a capacidade de perdoar e amar. Sabemos que não é fácil, mas tem que exercitar. Reforma íntima! Tentem, meus filhos, e vão ver que a vida fica mais leve e a mediunidade desabrocha. Vocês vão ficar mais sensíveis aos pensamentos dos seus guias. A Umbanda não quer que virem santos do dia para a noite, muito menos hipócritas que fingem ser o que não são. Queremos pessoas normais, com dificuldades e os seus problemas que qualquer pessoa tem, mas que mesmo assim se disponham a ajudar o outro. Pessoas que queiram ser ferramentas do bem, que queiram trabalhar em comunhão conosco; pessoas que estejam dispostas a se transformar e, sobretudo, precisamos de pessoas de boa vontade, que queiram amenizar o sofrimento de quem bate à nossa porta."

Nessa mesma gira, Rafaela, que já vinha amadurecendo sua mediunidade, em transe mediúnico, deu passagem a um espírito que se apresentou como sua protetora e chefe de trabalho; Cabocla Jurema da Estrela Guia, esse era seu nome. Logo após, riscou seu ponto e disse com a voz enrolada e firme bela mensagem de luz, que era ouvida atentamente pelo Caboclo Gira Mundo e pelos demais guias e trabalhadores do plano espiritual.

Os meses passavam e o único guia que se apresentava para o trabalho era a Cabocla Jurema. Rafaela não sentia a presença de nenhum outro guia de sua coroa. Não tinha pressa. A própria Jurema já tinha dito a ela, por meio de intuição, que na hora certa os outros irmãos se apresentariam. Que tudo na vida estava interligado e que em breve aconteceria.

27

A BÊNÇÃO DA VIDA

Durante todo esse tempo, Leandro prosseguia com suas tarefas em um dos grandes hospitais da cidade espiritual de Aruanda. Agora ele era auxiliar de enfermagem e assessorava aquele que, antes, fora seu enfermeiro dedicado e que se tornara um grande amigo, o menino Pedrinho.

Um dia, Pai Vidal, que sempre o levava para ver Rafaela, doutor Luiz e dona Isabela, apareceu para ele em visita inesperada ao término do expediente. O preto velho estava radiante, com um lindo buquê de rosas brancas e com um sorriso diferente no olhar. Ao seu lado, com expressão de branda ternura, o iluminado menino João.

Leandro se emocionou profundamente e lágrimas caíram de seus olhos ao ver os queridos amigos. De alguma forma, seu coração pressentia que algo sério estava por acontecer, como se o Divino sussurrasse em seus ouvidos que aqueles amigos traziam notícias importantes.

Havia tempo que não encontrava com João, que morava em esferas superiores e era sempre muito atarefado, com grandes responsabilidades. Pai Vidal se aproximou e disse que tinha algo muito sério a dizer. Leandro se sentou em uma cadeira e escutou atentamente cada palavra que o preto velho lhe dizia:

— Meu filho, precisamos conversar. Como bem sabe, Rafaela está indo muito bem no cumprimento do replanejamento traçado por nós e autorizado por Oxosse e Iemanjá, seus pais de cabeça, por intermédio do Ministério da Reencarnação.

"Dentro desse planejamento, existia uma área que era sigilosa a você, pois poderia gerar ansiedade e atrapalhar as suas atividades. Rafaela, você e João ainda possuem compromissos juntos e excelente oportunidade surgirá em breve. Tudo vem se encaminhando para o fiel cumprimento na crosta do planejamento espiritual.

"Você terá uma chance de retorno, por meio da reencarnação. Junto a ti, João irá na condição de seu irmão gêmeo, de forma a ser o seu grande companheiro de jornada. Você terá nele a maturidade espiritual e o porto seguro para os seus dias de provações.

"Ao atingirem a adolescência, algumas amizades vão lhe apresentar o caminho das drogas. Será novamente a maconha, porta de entrada para a perdição de sua última encarnação. Caso a escolha novamente, terá caminho difícil e tortuoso; caso resista, terá vida longa e de muito trabalho.

"Como escolha profissional, será médico. Mais uma vez, a oportunidade de aliviar as dores dos outros lhe será dada, ao passo que, junto com a nobre oportunidade, portas sombrias, trazidas pelas facilidades financeiras e materiais, poderão ser

Soldados da Luz - Uma jornada de amor com a Umbanda

abertas por seus passos, caso seja invigilante. Seus sentimentos de trabalho, esforço, empatia e humildade poderão ser embotados por vaidade, soberba e ganância.

"Sua mediunidade, mais uma vez, será a porta para o céu ou para o inferno mental, dependendo da sintonia vibratória que você escolher escutar e da qual permanecer próximo. Dessa vez, será acolhido por uma família que compreenderá o fenômeno mediúnico, o que será grande oportunidade para abraçar o serviço do bem ao lado de Pai Oxalá.

"Seu irmão João sempre estará ao seu lado e, desde cedo, será visível a sua bagagem moral. Como já disse, ele será seu grande amigo e confidente, aquele a quem você sempre recorrerá e que o levará pelo bom caminho, desde que lhe dê a devida atenção.

"Você não terá qualquer sequela física da destruição que causou no perispírito, devido ao uso das drogas ou ao modo violento como desencarnou na última existência física. Já amadureceu bastante, mudou sua forma de pensar e agir e terá a mediunidade como sua fiadora do perfeito funcionamento do veículo carnal.

"Voluntariamente, João enfrentou com muito amor as últimas três encarnações de sacrifícios por vocês. Nessa, será o sol para muitos outros corações. Enfrentará uma missão de evolução social, com responsabilidades junto à coletividade, deixando transparecer a sua envergadura moral a muitos, mas sempre com a humildade que lhe é característica.

"Ainda jovem, apresentará tendência e habilidade para a música, fruto de muita dedicação em encarnações passadas. Tornar-se-á grande comunicador, tendo muitas missões no plano físico. A primeira será de impactar com a sua arte e exemplo o seu público, de maioria jovem, empenhando largamente a comunicação digital para isso. Levantará a bandeira da tão necessária conscientização ambiental.

"O racismo, vocês dois, infelizmente, enfrentarão com coragem durante toda a estrada, pois será também pauta que João irá combater. Será grande promovedor de educação musical aos mais pobres, empenhando imensas doses de sacrifício pessoal e de tempo nessas searas coletivas.

"João terá a mediunidade com muitas capacidades e, junto a ele, você, Leandro, e outros companheiros compromissados que se aproximarão abrirão uma Casa de Umbanda, onde o sentimento de fraternidade será a estrela a guiá-los. A literatura de Umbanda será simples, direta e farta por intermédio das mãos de João. Outros médiuns que trazem capacidades diferentes da incorporação buscarão a casa de vocês para trabalho junto a Aruanda.

"Nessa nova estrada, que cabe a vocês dois abrirem, um número considerável de palestrantes se formará com os ensinamentos atentos dos primeiros trabalhadores, que devem sedimentar nos mais jovens a importância da união do movimento umbandista, a necessidade de seriedade e comprometimento com a espiritualidade. Portanto, quando a obra estiver estabelecida e chegar a hora de disseminar os conhecimentos às novas gerações de umbandistas, façam-no com muita responsabilidade.

"Falarão do Evangelho do Cristo de forma simples e acessível, buscando levar o cristianismo vivo, fugindo das pregações, que não alcançam os corações mais humildes, ou das palavras vazias, que não encontram os necessitados da alma. Sim, palestrantes que falarão de Umbanda visitarão outros núcleos umbandistas e até de outras religiões, sempre de forma simples, amorosa e semeando a fraternidade entre as pessoas.

"Esse terreiro será grande porto seguro nos corações aflitos dos últimos tempos da transição planetária a caminho da regeneração, que será tumultuada até mesmo nos primeiros dias do mundo de regeneração. Será uma casa com as raízes diretamente ligadas à nossa colônia espiritual e dela receberá as determinações.

"Por último, João também terá como missão, como eu disse, ser o ponto forte e aberto às suas dificuldades morais, principalmente na adolescência. Leandro, como você sabe, a Ana está concluindo a primeira fase de seus estudos e já pertence à falange de Maria Padilha das 7 Encruzilhadas. No futuro trabalhará intensamente por meio de sua mediunidade. Assim como no passado, por conta da ignorância que já foi superada, ela o influenciou para o mal, agora será uma das maiores vozes de luz em sua consciência e o guiará pelo caminho reto.

"Vocês dois terão grande missão juntos: a destruição dos laços de feitiçaria e magia densa. Muitas pessoas que caíram na armadilha da maconha, da cocaína e de outras drogas buscarão em vocês o apoio necessário para a cura. Muitas desobsessões serão promovidas por você e sua protetora, e assim trilharão com muita dedicação seu caminho, semeando libertação."

Leandro, que chorava profundamente emocionado, levantou-se e abraçou Pai Vidal, dizendo com muita sinceridade:

— Tenho medo de fracassar! Já errei tantas vezes. Além do mais, não aguentarei de saudades do senhor.

— Não precisa disso, filho. Como já viu, tenho muitas responsabilidades com vocês. Somos o mesmo grupo. Verdadeira família. Estarei junto de você, muito perto durante toda a infância e a juventude, aconselhando por meio de minha médium, que é aparelho dedicado e humilde. Após o desencarne dela, trabalharei com você, meu menino, cumprindo o que não conseguimos da última vez. Seria o seu guia trabalhador se tivesse ouvido os meus apelos, caso estivesse aberto às possibilidades lindas de sua mediunidade, mas isso é passado. Nessa próxima chance, serei o que nos terreiros é conhecido como "guia de herança" e, após ser entidade trabalhadora de sua mãe, iremos juntos iniciar nossas missões de atendimento ao próximo, cumprindo a vontade do Pai.

O iluminado preto velho afagava o cabelo do jovem enquanto prosseguia:

— Não falta muito. Em poucos dias serão conduzidos ao processo de preparação, que será curto.

Pai Vidal, João e Leandro se abraçaram em profundo sentimento de esperança, fé e união.

Alguns meses depois, uma jovem de dezessete anos, numa comunidade carente do Rio de Janeiro, engravidava do namorado. A bênção da vida tocou-lhe o ventre na forma de dois saudáveis meninos.

28

PRETO VELHO DE UMBANDA

Rafaela continuava sendo uma médium dedicada e era exemplo de trabalhadora comprometida. Envolvia-se com as dificuldades da casa, chegava cedo e só saía depois que tudo estivesse arrumado, pois essas tarefas se tornaram compromisso certo em sua agenda. Jamais faltava a uma sessão.

Em uma gira de desenvolvimento, os guias já se manifestavam por intermédio de seus cavalos. O cheirinho inconfundível dos cachimbos e cigarros de palha se fazia presente. A médica estava em seu lugar na fileira das médiuns, com os olhos fechados, todos de uniformes brancos e iguais, cantando os pontos com muita fé. O seu ponto preferido começou a ser cantado em coro pelos corações ali reunidos, envoltos na energia de amor que girava e a todos abraçava, causando grande bem-estar:

"Bahia! Oh, África!

Vem cá, vem nos ajudar

Bahia! Oh, África!
Vem cá, vem nos ajudar
Força baiana, força africana, força divina
Vem cá, vem cá..."

Rafaela começou a sentir o coração acelerar, aquele calafrio nas costas, o arrepio nos braços, e sua mente foi serenando. Ela sabia o que aquilo significava: sua preta velha deveria estar se apresentando ao trabalho.

Aquela energia foi aumentando e ela se sentindo cada vez mais envolvida. Ocorreram alguns espasmos musculares, até que sentiu forte sacolejo em seu corpo, que se envergou, batendo os pés quatro ou cinco vezes ao solo. Depois disso, os movimentos pararam; parecia que ela tinha sido eletrocutada e estava toda arrepiada. Sentia uma forte presença, com a sensação de estar sendo abraçada por uma força e segurança indescritíveis.

Sentiu sua expressão facial mudando. Aquilo era muito diferente de quando Jurema e Aninha da Beira da Praia se apresentavam. Mais diferente ainda em relação a quando Dona Sete Saias encostava. Rafaela deixava se envolver cada vez mais por aquela energia forte e ao mesmo tempo mansa.

Sua visão, diferentemente da maioria dos transes, começava a ficar turva, ligeiramente embaçada. Estava entregue. Já não conseguia mais se situar com exatidão no espaço. Percebia-se andando como uma velha. Ao fundo, ouvia ainda os ritmados versos:

"Força baiana, força africana, força divina..."

Sentiu que estava caminhando em direção ao gongá, onde ficou parada por alguns minutos de frente para aquele ponto de força com todas as velas acesas. A médium sentia uma sensação única naquele momento. Após fazer uma saudação com as mãos de forma involuntária, ela voltou a andar e, de alguma forma, como que sonolenta, conseguia ver o que estava agora à sua frente: era Pai Tomé, inconfundível com seu ar de sabedoria, tomando o seu café frio e sem açúcar num simples coité, com um olhar de muita alegria a observá-la.

Rafaela escutou de sua própria boca as palavras em voz grave, baixa e fala enrolada:

— Sua bênção, meu amigo. — Sua mão bateu três vezes no chão e de volta ouviu:

— Salve, meu velho! Quer falar seu nomado para os outros filhos?

Rafaela não conseguia controlar suas funções corporais, mesmo assim compreendeu o que aquilo queria dizer. A dedicada médium, em alguns momentos, tentou, com dificuldade, racionalizar alguma coisa; seria mesmo o que ela pensava? Alguns nomes de pretas velhas começaram a surgir em sua mente, que tentava ser ativa, ao passo que seu coração dizia para não falar nada e deixar ver o que aconteceria. O dilema durou dois ou três segundos, quando escutou de sua voz a frase:

— Meu nomado é Pai Vidal das Almas.

Rafaela, ou a parte da mente dela que ainda estava sob seu controle, ficou em choque e ao mesmo tempo muito feliz ao ouvir aquilo. "Que lindo!", ela pensava.

Pai Tomé disse:

— Salve sua força. Salve Pai Vidal das Almas! Que o senhor e toda a sua banda possam trazer muita luz e muita força para essa filha e para todos os trabalhos.

Após alguns segundos, Pai Tomé do Congo espiritualmente observava os belíssimos mecanismos da mediunidade. Via que os laços de indução mediúnicos que Pai Vidal emitia de sua mente envolvendo os canais mediúnicos da médium geravam forte coloração branca de sua cabeça e tórax, em belíssimo fenômeno de sintonia e afinidade espiritual. Observava a grande capacidade de interpretação da intermediária, que em estado alterado de consciência conseguia canalizar os pensamentos e ações do guia espiritual com grande fidelidade.

Pai Tomé voltou a falar:

— Quer falar mais alguma coisa, meu velho?

Pai Vidal respondeu de forma muito calma:

— Por hoje não, meu amigo.

E, após alguns momentos de transe, ele foi embora.

Rafaela saiu do terreiro radiante naquela noite. Sentia uma felicidade grandiosa, como se tivesse encontrado um velho amigo.

A próxima gira seria a Festa de Preto Velho, devido à comemoração do dia 13 de maio. Os trabalhadores enfeitaram todo o terreiro. Estava tudo muito lindo. Ao término, seriam distribuídas pequenas porções de saboroso feijão para todos da assistência.

Naquele dia, logo após o início da sessão, Rafaela, como de costume, estava em seu lugar cantando os pontos e observou quando Vovó Cambinda, a preta velha de dona Carmem, aproximou-se bem lentamente, com seu rosário na mão. Após um abraço, a luminosa entidade esticou as mãos no topo da cabeça da médium e forte descarga magnética a deixou tonta. Alguns momentos depois, estava em transe mediúnico com seu preto velho, que veio ainda mais firme do que da primeira vez.

Após saudar Vovó Cambinda, que estava à sua frente, Pai Vidal conduziu sua médium até o gongá, onde permaneceu por longos minutos, aumentando a sintonia vibratória e as capacidades do transe mediúnico. Quando a sintonia entre o espírito e sua médium estava em patamar de grande influência, o preto velho foi saudar o chefe da gira.

Após os cumprimentos, Pai Vidal pediu para riscar o seu ponto. O guia de luz estava ao lado de seu aparelho mediúnico. Envolvia toda a cabeça de seu cavalo a partir de um facho luminoso que projetava de sua cabeça e entrava em contato com a médium pela glândula pineal, localizada no centro de seu cérebro, irradiando claridades esverdeadas em toda a estrutura cerebral, que desciam até a região do tórax.

O guia riscou seu ponto e logo após cravou a sua ponteira metálica na tábua de madeira, tudo de acordo com o padrão que era seguido há muitas décadas naquele terreiro de Umbanda. A reunião transcorreu normalmente e, após mais algumas horas de muitos trabalhos de fé, mais uma reunião era encerrada em nome de Deus.

Naquela noite, ao dormir, Rafaela sonhou com Pai Vidal. Não se lembrou de quase nada ao acordar. Esforçava-se para lembrar, tinha a impressão de que era algo sério, relativo às escolhas que ela teria que fazer, mas não sabia ao certo. No meio do sonho, Leandro aparecia com um menino. Tinha uma belíssima mulher que parecia ser uma Pombagira de Umbanda, tendo se apresentado somente como Maria e falado para Rafaela cuidar do filho dela. Era tudo muito estranho; havia uma grande luz nesse sonho. Tudo meio confuso, mas ela se sentiu em paz.

Logo cedo, ao levantar da cama e tomar café, a médica foi ao pequeno altar que tinha feito em casa, no quarto em que ela e o marido usavam como escritório. Era um altar simples, bem pequenino, porém muito harmônico. Tinha uma concha do mar, grande e bonita, uma vela de sete dias que nunca deixava apagada, uma bela imagem de São Sebastião, não muito grande, e, ao lado, uma imagem menor de Cosme e Damião.

Havia ainda uma plantinha bem verdinha, onde ficava enrolada uma guia verde com algumas contas brancas e vermelhas.

Ali ela rezou com muita fé, pedindo que a espiritualidade a ajudasse a entender o que aquele sonho tão impactante significava. Antes de terminar, pediu a seus guias que a conduzissem pelos melhores caminhos, ajudando-a a tomar as melhores decisões. Após alguns minutos, sentiu-se fortalecida e confiante, indo para os outros afazeres do dia.

29

O AMOR NOS UNIU

Rafaela tinha uma agenda muito corrida e vários compromissos. Apesar das dificuldades, se sentia plena. Não era mais a menina cheia de dúvidas e medos que se preocupava tanto com a opinião alheia. Tornara-se uma madura mulher de 47 anos, que sabia muito bem o que queria e o que não queria.

Os últimos onze anos foram intensos. Concluíra o que restava do curso de Medicina, especializara-se na área de que mais gostava; na verdade, a obstetrícia e a ginecologia eram vistas quase como uma obrigação moral, um sacerdócio para ela. Casou-se. Conheceu a espiritualidade, que deu ainda mais sentido a tudo, fazendo parecer que os catorze anos perdidos durante o coma tinham sido recuperados.

A médica vivia intensamente e sempre dizia, em tom de descontração, aos amigos que brincavam com sua rotina corrida:

— Não me deram uma segunda chance à toa! Não é possível que tenham me deixado voltar para não fazer nada.

Cabocla Jurema dizia para ela, por meio da intuição, toda vez que pensava em desanimar em alguma das áreas em que estava sempre ativa:

— Minha filha, a seara é grande e poucos são os trabalhadores. Vamos fazer a nossa parte.

Um dia, em uma das ações que fazia, ao sair já tarde de uma palestra, uma jovem magrinha, mas com uma barriga bem grande, chorava perto do estacionamento na saída do evento, numa campanha sobre a importância do pré-natal em uma comunidade carente. A médica foi perguntar se ela queria alguma ajuda.

— O que houve, menina?

E escutou a frase sofrida entre as pesadas lágrimas de desespero:

— Eu não posso ter esses filhos, moça. — A jovenzinha chorava ao responder. — Assim que descobri que estava grávida, pensei em tirar. Que Deus me perdoe por esses pensamentos. Tive um sonho com uma moça linda com vestido de princesa que falava para eu não fazer isso. Logo na mesma semana, você veio aqui num mutirão, há uns quatro meses, e eu resolvi que teria esses filhos. As suas palavras bonitas sobre a inocência das crianças, os testemunhos das outras moças que se arrependiam, os riscos e tudo mais... Aquilo me cativou e esse tempo todo eu fui me virando, mas não sei mais o que fazer. Tenho dois filhos na barriga e nenhuma esperança.

— Calma! São gêmeos? Com quantas semanas você está? — perguntou a médica.

— Eu tô com seis meses. Me ajuda, por favor! O pai delas sumiu no mundo quando eu contei. Acho que ele voltou para a terra dele. Não sei nem como achar ele, não tenho o número do telefone e ele apagou as coisas da internet.

Chorando agora no ombro da médica, que também estava muito assustada e emocionada com aquilo, a mocinha continuou:

— Minha mãe e meu pai me expulsaram de casa. Disseram que não iam cuidar de filho dos outros. Que, se eu tinha feito, eu teria de me virar. Já tentei falar com eles várias vezes e nem me escutam. Não abrem nem a porta pra mim. Minha madrinha tá me ajudando. Tô na casa dela, vou ao posto de saúde, onde faço o pré-natal direitinho, como você falou. Minha madrinha que me trouxe aqui hoje. Ela se esforça, mas agora perdeu o emprego. O marido dela não gosta muito de mim. A situação tá muito difícil. Não sei o que faço... Pelo amor de Deus, me ajuda!

Rafaela via um filme passando em sua cabeça. Sabia o que era sentir-se sem saída e assustada. Encheu-se de compaixão e, de alguma forma, via-se no lugar da menina, mesmo aquele caso sendo diferente do seu. Um flash de quando havia tomado a decisão do aborto passou em sua cabeça, sentiu um aperto no coração e se encheu de ansiedade.

Após pensar um pouco, disse:

— Calma! Vou lhe ajudar! Cadê a sua madrinha?

— Ela teve que voltar pra casa, mas não quero voltar lá agora. Não quero ser mais um peso pra ela.

— Ok, liga para ela do meu celular e conta o que aconteceu. Vem comigo.

A médica entrou no carro com a moça e começou a ligar para vários contatos e parceiros que a ajudavam nas campanhas. Conseguiu arrumar estadia para a menina em uma pequena instituição religiosa católica de apoio a jovens e mulheres em situação de violência doméstica ou abandono.

A própria médica levou a menina para fazer o enxoval e se comprometeu a ajudá-la e a seus filhos. Tudo parecia controlado. Exceto a pressão arterial da jovem, que estava constantemente alta nos últimos dias, tendo alguns picos muito preocupantes.

Uma amizade muito grande e verdadeira se construiu nesse curto espaço de tempo. Rafaela se comprometeu a estar no dia do nascimento das crianças, junto com outros experientes colegas que fariam o parto num grande hospital de referência, e a estava ajudando financeiramente. Seria uma cesárea de altíssimo risco para a mãe e os bebês, que nasceriam prematuros; além disso, o menor dos bebês estava com o cordão umbilical enrolado duas vezes no pescoço. A competente equipe médica avaliou que não daria mais para adiar e o parto deveria ser feito o quanto antes.

Nos últimos dias, a menina ficou hospedada na casa da médica. Na noite anterior à internação, ela, que sabia dos graves riscos que a hipertensão trazia ao parto de gêmeos prematuros e das outras possíveis complicações que tornavam a situação algo muito grave, disse à médica:

— Olha, eu serei eternamente grata por tudo que você fez. Você foi mais que uma mãe para mim e para os meus filhos. Eu sei que amanhã muita coisa pode acontecer. Quero que me prometa que, se qualquer coisa acontecer comigo, você vai abrir esta cartinha que fiz. Vou deixar aqui — falou, apontando para uma gaveta.

Rafaela gelou e, desconversando, disse que nada iria acontecer.

No dia seguinte, a médica estava muito tensa, assim como todos da equipe. A menina, já deitada na mesa de cirurgia, toda paramentada para o início do procedimento, olhou para Rafaela, que estava ao seu lado, com um olhar muito calmo e disse:

— Um se chamará João e o que está com os cordões eu quero que seja Leandro.

A médica gelou quando ouviu aquele nome. Tentou se segurar ao máximo, mas era humana antes de ser médica. Estava muito envolvida emocionalmente com aquela menina e seus filhos, e, sem conseguir explicar a razão, as duas choraram juntas de mãos dadas.

Iniciou-se a cirurgia. Uma cesárea seria a única possibilidade. Silêncio total na sala. A menina, um pouco antes da anestesia, com lágrimas nos olhos, chamou a médica, que se abaixou ao seu lado, e disse no ouvido dela:

— Lembra aquela linda moça que apareceu no sonho de que falei há uns meses? Ela, igual a mim, também se chama Maria e apareceu novamente nesta noite. Estava muito linda num vestido de festas. Disse que eu daria à luz dois tesouros e seria a mãe do filho dela. Disse que eles teriam três mães. Duas no céu e uma na Terra. Que era para lhe dizer que a vida sempre nos surpreende.

Tomou um fôlego e falou ainda mais para a médica, que estava com lágrimas nos olhos:

— Eu agradeço por tudo que fez por mim. Você foi um anjo de Deus na minha vida e fez dessas últimas semanas as melhores que eu poderia ter. Caso aconteça qualquer coisa comigo, saiba que estou em paz. Minha consciência está calma. Está tudo nas mãos sábias de Deus.

Rafaela se lembrou dos sonhos que também tivera na noite em que Pai Vidal se apresentou para ela. Estava muito nervosa. Apenas deu um longo beijo na testa da menina e as duas deixaram pesadas lágrimas jorrarem de seus olhos.

— Vai ficar tudo bem — disse Rafaela com a voz embargada, devido ao misto de emoções que a envolvia inteiramente.

A cirurgia iniciou-se e algumas complicações apareceram, aumentando a pressão na sala. A menina, sentindo-se adormecer, chamou com o que ainda tinha de forças aquela que era para ela o seu porto seguro.

— Não solta a minha mão! — pediu ela em um sussurro. — Pelo amor de Deus, caso aconteça alguma coisa comigo, meus filhos serão os seus filhos.

A médica ficou ao lado da jovem e compreendeu a gravidade do momento. Começou a rezar. O choro forte do primeiro menino era o anúncio de que João estava novamente entre os encarnados. Foi encaminhado para a UTI apenas por protocolo. Após alguns segundos, o segundo menino foi retirado. Estava com o estado de saúde muito delicado. A equipe começou a tratá-lo e o encaminhou também para a UTI.

Tensão total no ambiente. O quadro da mãe estava se agravando. Com muito esforço, ela tentava se comunicar. Rafaela estava com o olhar de desespero para os colegas médicos e enfermeiros. Via que estavam tentando de tudo. Lágrimas pesadas inundaram os olhos dela, que se abaixou para ficar perto da menina Maria. Esta, com muito esforço, murmurou:

— Estou em paz! — Grossa lágrima rolou em seu rosto e ela continuou com voz fraca: — Meus tesouros têm três mães: Maria está linda aqui do meu lado, segurando a minha outra mão e dizendo que vai ficar tudo bem comigo. Doutora Rafaela, meus tesouros são seus tesouros. Obrigada por tudo...

Após dizer essa frase, ela ficou inconsciente e, alguns minutos depois, faleceu na mesa de cirurgia. Rafaela sentiu o peso daquelas palavras e, ao olhar para um dos colegas médicos, que fez um sinal de negativo com a cabeça, pôs-se a chorar.

No plano espiritual, a menina de dezessete anos, verdadeiro facho luminoso, foi recebida por grande número de bons espíritos que recepcionavam aquela heroína da fé. Todos contemplavam a coragem e a resignação da jovem no cumprimento de suas missões. Entre os bons espíritos que a recebiam estavam Pai Tomé, Pai Vidal e Ana, agora conhecida como Maria Padilha das Sete Encruzilhadas.

Rafaela zelosamente cuidou dos meninos, que ficaram algumas semanas internados, mas logo estavam de alta médica.

A mãe adotiva entrou com um processo judicial para obter a guarda definitiva das crianças. A carta de próprio punho da mãe biológica, que fora deixada na gaveta, ajudou muito nesse sentido. A menina, de alguma forma, parecia saber dessa possibilidade.

Os avós maternos não se interessaram pela guarda dos netos. A madrinha da jovem Maria ficou muito triste ao saber do acontecido, mas sentia-se confortada pelas possibilidades de futuro que os meninos teriam. Rafaela era agora mãe de gêmeos, e seu marido se sentia duplamente realizado em seu sonho de ser pai.

EPÍLOGO

O amor de Zambi havia reunido aquelas almas em mais uma jornada reencarnatória. Somos todos eternos viajantes da vida, seja nos planos espirituais ou no plano físico. Somos feitos pelo amor e para o amor. Pai Oxalá nos concede sempre o cobertor compatível com o nosso frio. Precisamos apenas de coragem, fé e vontade de fazer.

Conseguimos acompanhar pontos importantes da jornada evolutiva de alguns irmãos. Muitos dos fatos são repercussões de plantios ocorridos séculos atrás. Leandro está hoje trilhando a sua estrada eterna de iluminação, assim como Vidal, Ana, João, Rafaela, doutor Luiz, Tomé.

Todos os irmãos que aqui citei estão vivos, seja no plano físico ou espiritual. Alguns inclusive me ajudaram na confecção desta obra que hoje foi materializada no plano físico. Algumas datas e nomes foram alterados para que ninguém fosse exposto.

Esta é uma história real que mostra o amor de Zambi, de Oxalá, dos Orixás e guias de Umbanda.

Meu desejo é que você, ao ler estas últimas linhas, seja alguém melhor do que quando leu as primeiras.

Saravá, meus irmãos!

"Levando ao mundo inteiro a bandeira de Oxalá!"

Velho Tião de Aruanda

Levamos o livro espírita cada vez mais longe!

📍 Av. Porto Ferreira, 1031 | Parque Iracema
CEP 15809-020 | Catanduva-SP

🌐 www.**boanova**.net

✉️ boanova@boanova.net

📞 17 3531.4444

📲 17 99257.5523

Siga-nos em nossas redes sociais.

@boanovaed   boanovaeditora

CURTA, COMENTE, COMPARTILHE E SALVE.
utilize #boanovaeditora

Acesse nossa loja

Fale pelo whatsapp